Pilze

Susanne Till
Walter Till

Pilze

SAMMELN • KOCHEN • GENIESSEN

Mit Fotos von Ulrike Köb

NP
BUCHVERLAG

Die Fotos der Landschaften, der Pilze und der Bäume stammen von den Autoren. Fotos folgender Pilze wurden dankenswerterweise zur Verfügung gestellt:

- Von Frau a. o. Univ.-Prof. Mag. Dr. Irmgard Greilhuber-Krisai, Institut für Botanik, Universität Wien: Agaricus xanthoderma, Craterellus lutescens, Inocybe erubescens (= patouillardii), Lactarius sanguifluus, Lepista saeva, Macrolepiota bohemica, Omphalotus olearius, Ptychoverpa bohemica
- Von Herrn Dr. Uwe Passauer, Botanische Abteilung, Naturhistorisches Museum Wien: Agaricus campestris
- Von Herrn Friedrich Reinwald, Lauf, Deutschland: Amanita virosa
- Von Herrn Lothar Sandmann, Schrems, Niederösterreich: Amanita phalloides var. verna

Die Informationen in diesem Buch sind von den Autoren und vom Verlag nach bestem Wissen und Gewissen geprüft worden. Autoren und Verlag übernehmen dennoch ausdrücklich keine Haftung für etwaige Personen-, Sach- oder Vermögensschäden, die sich aus dem Gebrauch oder Missbrauch der in diesem Buch gegebenen Informationen ergeben.

Deutsche Bibliothek – CIP-Einheitsaufnahme
Pilze : sammeln - kochen - geniessen / Susanne Till ; Walter Till. - St. Pölten ; Wien ; Linz :
Niederösterr. Pressehaus, 2002
ISBN 3-85326-155-8

www.np-buch.at
verlag@np-buch.at

Titelfoto: © Ulrike Köb

Grafische Gestaltung:
Kurt Hamtil, verlagsbüro wien

Gesamtherstellung:
Niederösterreichisches Pressehaus
Druck- und Verlagsgesellschaft mbH
A-3100 St. Pölten, Gutenbergstraße 12

ISBN 3-85326-155-8

Inhalt

Zum Geleit

Warum ein neues Pilzbuch, es gibt doch schon so viele? Diese Frage bewegte uns, bis wir bemerkten, dass gewisse Gesichtspunkte praktisch in allen einschlägigen Werken fehlen: das Kochen mit geringen Pilzmengen und die feinen Zubereitungsarten.

Über die Jahre wurde uns dieser Mangel so deutlich bewusst, dass wir darangingen, eigene Rezepte zu entwickeln. Schon bald wurde auch auf das jahreszeitlich unterschiedliche Angebot Rücksicht genommen, und es entstanden zahlreiche Gaumenfreuden, die wir den interessierten Pilzfreunden nicht länger vorenthalten möchten.

Wer mit offenen Augen durch die Natur geht, wird bald feststellen, dass Pilze zu jeder Jahreszeit und an den unterschiedlichsten Standorten vorkommen. Bleibt für den Kulinariker nur noch die Frage: Was kann ich verwenden? Wir haben versucht, eine Auswahl der wichtigsten Speisepilze vorzustellen. Dazu werden die wichtigsten Doppelgänger genannt, um Vergiftungen auszuschließen. Dennoch: Dieses Buch ist kein Bestimmungswerk, sondern ein Kulinarium! Deshalb ist die Zuhilfenahme guter Bestimmungsliteratur höchst empfehlenswert.

Dieses Buch soll Freude vermitteln: Die Eleganz und die ungewöhnlichen Farben und Formen der Pilze bemerken wir bereits in der Natur, die Gerüche und die Geschmacksvielfalt erfreuen die Geruchs- und Geschmackssinne, die künstlerisch gestalteten Abbildungen der Speisen sollen Lust auf ein Pilzessen wecken, bevor noch die Objekte der Begierde im Korb liegen.

Wer um die Lebensweise der Pilze Bescheid weiß, wird seine Schritte gezielt an bestimmte Orte lenken. Wir haben dem Rechnung getragen, indem wir im allgemeinen Teil Hinweise zu den Standortansprüchen der Speisepilze geben. Pilze wachsen aber primär nicht, um uns kulinarisch zu erfreuen, sondern haben wichtige Aufgaben in den Stoffkreisläufen der Natur. Echte Pilzfreunde sammeln deshalb mit Bedacht und schonen ihre Lieblinge: Weder wird exzessiv geräubert, noch werden ungenießbare Pilze achtlos zerstört.

Wem das Sammeln in der Natur zu unsicher ist, für den haben wir die gängigen Marktpilze in die Rezepte eingebaut. Außerdem sind Letztere meist ganzjährig verfügbar und erlauben die saisonunabhängige Herstellung pilzlicher Köstlichkeiten.

Pilze sind kein Grundnahrungsmittel, sondern haben eher den Charakter von Gewürzen. Durch ihren geringen Nährwert sind sie zudem genau das Richtige für Diätbewusste. Die beigefügten Nährwertangaben ermöglichen Ihnen ein linienbewusstes Schmausen.

Nicht unerwähnt darf bleiben, dass uns mehrere Freunde bei der Realisierung dieses Buches geholfen haben: Frau Dr. Petra Rust hat uneigennützig die Nährwertberechnungen erstellt, Frau Prof. Dr. Irmgard Greilhuber half uns mit Bildern wichtiger Pilze, Frau Roswitha Krautgartner stellte ihre Informationen zu kultivierbaren Pilzen zur Verfügung. Zahlreiche weitere Freunde und Kollegen haben durch Diskussion und Anregungen zum Gelingen dieses Buches beigetragen. Nicht zuletzt sei dem Verlag für das stete Verständnis gedankt.

Wenn dieses Buch bei Ihnen, liebe Leserinnen und Leser, Interesse an Pilzköstlichkeiten geweckt hat und Sie diese herrlichen Geschöpfe nun mehr schätzen als zuvor, wenn Sie ihnen mit dem gleichen Respekt begegnen wie wir, dann hat sich unsere Mühe gelohnt.

Wien, im Frühling 2002

PILZE

Bau und Lebensweise der Pilze

Pilze sind wahrlich ein Wunder. Aus mikroskopisch kleinen Sporen wachsen im Boden oder im Holz lange dünne Fäden, die Hyphen, die sich im Laufe der Zeit zu einem ausgedehnten watteartigen Lager, einem Myzel, entwickeln. Dieses lebt über viele Jahre vom Menschen unbemerkt, hat aber eine eminent wichtige ökologische Funktion: Es zersetzt Laub und abgestorbenes Holz und führt die dadurch frei gewordenen Nährstoffe wieder den natürlichen Kreisläufen zu. Wenn die Ernährung des Myzels gut und Feuchtigkeit ausreichend vorhanden ist, verdichten sich die Fäden des Pilzlagers und wachsen aus dem Substrat heraus. Es entsteht ein Fruchtkörper oder, wie man sagt, ein Pilz. Dieser Fruchtkörper entspricht einem sehr dicht gepackten Fadengewirr, das sich auf noch unverstandene Weise immer wieder zu ganz bestimmten Formen zusammenfügt und dabei meist charakteristisch färbt. Form und Färbung der Fruchtkörper sind kennzeichnend für die verschiedenen Pilzarten, ebenso Geruch und Geschmack. Eine Fülle von weiteren Merkmalen, die zum Teil nur mithilfe eines guten Mikroskops sichtbar gemacht werden können, erlauben die Beschreibung von vielen Tausend Pilzarten, die aufgrund der artspezifischen Charakterisierung sicher bestimmt werden können.

Das Bestimmen der Pilze erfordert in den meisten Fällen Erfahrung, gute Bestimmungsbücher und oft auch Spezialliteratur. Wir beschäftigen uns in diesem Buch nur mit kulinarisch interessanten Pilzen (und gegebenermaßen nur mit einer bescheidenen Auswahl daraus) und zeigen deren wichtigste Doppelgänger auf. Davor ist es notwendig, dass Sie sich mit einem Minimum an Fachbegriffen vertraut machen, um die nachfolgenden Beschreibungen richtig anwenden zu können. Zudem empfehlen wir die Verwendung guter Bestimmungsbücher, wie sie reichlich in Buchgeschäften erhältlich sind.

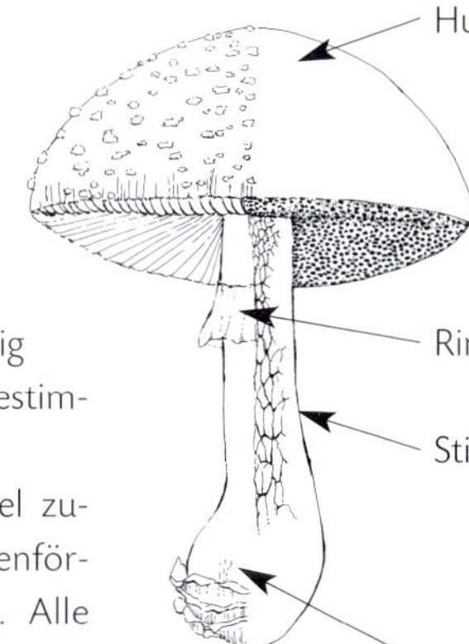

Gewöhnlich ist ein Fruchtkörper aus einem Hut und einem Stiel zusammengesetzt. Allerdings gibt es auch ungegliederte Pilze von keulenförmiger, kugeliger, becher-, trichter- oder geweihförmiger Gestalt. Alle Fruchtkörper haben an bestimmten Stellen Organe, in denen sie Sporen bilden, um sich geschlechtlich fortpflanzen zu können.

Bei den Hutpilzen findet man an der Hutunterseite entweder radspeichenartige Lamellen, dicht gepackte Röhren oder Stacheln. Beim Bestimmen unterscheiden wir deshalb Lamellenpilze, Röhrlinge und Stachelinge. Auf den Oberflächen dieser Strukturen befinden sich die Sporen bildenden Organe. In selteneren Fällen ist die gesamte Ober- (Becherlinge) oder Unterseite (Trompetenpfifferlinge) zur Sporenbildung befähigt, bei speziellen Gruppen werden die Sporen im Inneren der Fruchtkörper gebildet.

Wenn Sie beim Pilzesuchen irrtümlich einen falschen Fruchtkörper erwischt haben, werfen Sie ihn bitte nicht achtlos weg. Setzen Sie ihn wieder so in den Boden, wie Sie ihn vorgefunden haben. Das ermöglicht ein weitgehend normales Aussporen und sorgt für die Vermehrung der Art. Und wir wissen ja mittlerweile, welch wichtige ökologische Rolle die Pilze in der Natur spielen.

Der Stiel der Pilze kann in der Form recht unterschiedlich sein, in der Regel ist er mit dem Zentrum des Hutes verbunden. Oft ist die Stielbasis knollig verdickt. Manche Arten tragen im oberen Stielbereich einen Ring, dessen Gestalt und Beschaffenheit wichtige Merkmale sind. Bei anderen Arten steckt die Stielbasis in einer sackartigen Scheide. Diese

Arten tragen gewöhnlich auch inselartige Flocken auf der Hutoberseite. Scheide und Flocken sind die Reste einer Hüllschicht, die den ganz jungen Fruchtkörper zur Gänze umgibt und bei seinem Wachstum zerrissen wird (Fliegen- und Knollenblätterpilz). Bei anderen Arten ist diese Hülle nur um den jungen Hut ausgebildet, ihre Reste sind nach dem Aufschirmen als Ring und Hutschuppen erkennbar (Parasol, Egerlinge).

Es ist wichtig, alle Pilze, die man nicht hundertprozentig kennt, vollständig zu sammeln, um zuhause beim Bestimmen alle Merkmale zur Verfügung zu haben. Lamellenpilze, bei denen bereits beim Sammeln die Stielbasis weggeputzt wurde, dürfen im Zweifel auf keinen Fall verzehrt werden. Gerade die Verwechslungen von Egerlingen (Champignons) mit den tödlich giftigen Knollenblätterpilzen kommen dadurch zustande, dass beim Sammeln

Fichte

Tanne

Föhre

Lärche

nicht auf die im Boden befindliche Scheide (Knollenblätterpilze) geachtet oder diese weggeputzt wurde. Die beiden Pilzgruppen sind zwar auch an ihrer Lamellenfärbung zu unterscheiden, das erfordert aber etwas Erfahrung. Dieses Beispiel zeigt eindringlich, dass es unerlässlich ist, mit dem Aufbau der Pilzfruchtkörper gut vertraut zu sein.

Pilze sind nicht nur wichtige Zersetzer von organischem Abfall, sie können auch in Symbiose mit den Wurzeln bestimmter Bäume leben. Dieses Wissen ist bei der Suche von Röhrlingen oder Reizkern entscheidend. Wir stellen deshalb die wichtigsten Symbiontenbäume mit Stamm- und Laubbildern vor und empfehlen allen Pilzsammlern, sich mit den wichtigsten heimischen Bäumen vertraut zu machen. Der Erfolg wird es Ihnen lohnen!

Birke

Hainbuche

Rotbuche

Eiche

Pilze und Umwelt

Pilze sind nur so „sauber" wie unsere Umwelt. Damit sind sie mit Kulturobst, Gemüse und Getreide in bester Gesellschaft.

Schwermetalle

Schwermetalle, durch industrielle Aktivitäten, aber auch durch Autoabgase freigesetzt, werden von manchen Pilzen in größeren Mengen gespeichert. Vor allem Kadmium wird bei manchen Pilzen angereichert, wie etwa bei den „gilbenden" Wildchampignon-Arten (siehe Seite 36). Die meisten Wildpilze enthalten jedoch relativ wenig Kadmium, teilweise sogar weniger als Blattgemüse. Überdies wird Kadmium wahrscheinlich nur zu einem geringen Prozentsatz vom Körper aufgenommen.

Wege zur Verringerung von Schwermetallen in der Nahrung bzw. in Pilzspeisen

Gesundheitsorganisationen empfehlen in Bezug auf den Pilzverzehr folgende Vorgangsweise:

- 200 Gramm bis 250 Gramm Wildpilze pro Person und Woche: dies entspricht nach den Rezepten des Buches mit meist geringen Pilzmengen bis zu drei Mahlzeiten pro Woche;
- die Entfernung von Huthaut, Lamellen- und Röhrenschicht, da Messungen hier die höchsten Konzentrationen ergaben (ob man dieser Empfehlung Folge leistet, ist eine persönliche Entscheidung, denn damit werden wichtige Aroma- und Farbstoffe entfernt);
- die Verwendung von Zuchtpilzen, etwa Kulturchampignons, anstelle der Wildchampignons.

Radioaktivität

Das Reaktor-Unglück von Tschernobyl hat speziell bei den Pilzen nachhaltige Spuren hinterlassen. Manche Pilze, wie etwa der Maronenröhrling (*Xerocomus badius*), der Reifpilz oder Zigeuner (*Rozites caperata*) und der Semmelstoppelpilz (*Hydnum repandum*), weisen noch heute vergleichsweise hohe Zäsium-Gehalte auf. Man sollte sie daher überhaupt nicht verspeisen. Aus diesem Grund werden sie im vorliegenden Buch nicht genannt.

Wege zur Verringerung der Radioaktivität in der Nahrung bzw. in Pilzspeisen

- Das manchmal in der Literatur zitierte Entfernen der Huthaut zur Senkung des Zäsium-Gehaltes ist leider kein Allheilmittel. Prinzipiell können manche Farbstoffe von Pilzen das Zäsium offenbar binden. Entfernt man die gefärbte Huthaut, so senkt man damit den Zäsium-Gehalt. Dies konnte allerdings nur beim Steinpilz, der sowieso nur gering belastet ist, bewiesen werden. Es gilt leider nicht für alle Pilze.
- Ein besserer Weg zur Reduktion von Zäsium ist das Wässern der Pilze. Zuvor muss man sie zerkleinern, trocknen oder tiefgefrieren, dann legt man sie in Wasser ein. Da Zäsium leicht löslich ist, geht es in das Wasser über (es liegt auf der Hand, dass man das Einweichwasser nicht mit den Pilzen weiterverwenden darf). Bei getrockneten Maronenröhrlingen konnte man auf diese Art eine Verringerung des Zäsium-Gehaltes um 90 Prozent erreichen. Der Nachteil dieser Methode ist der Verlust an Aromastoffen, und genau derentwegen kocht man schließlich mit Pilzen.

Ein möglicher Ausweg aus der Misere der Umweltbelastung ist die Anlage eines eigenen Pilzgartens. Es sind zwar nicht alle Pilze kultivierbar, doch wer dieses Hobby zu seiner Passion machen möchte, dem bietet der Fachhandel etliche gute Möglichkeiten:

Pilze selbst anbauen

Die Kultur von Speisepilzen in hauseigenen Pilzgärten hat vor allem in Asien Tradition. Wer nicht gerne auf Pilzjagd geht, aber trotzdem Pilze Marke „Eigenbau" genießen möchte, dem sei diese interessante Alternative wärmstens empfohlen. Fertigkulturen für die Pilzzucht in Garten und Keller, auf Balkon und Terrasse werden im Handel angeboten. Erhältlich sind Kulturen auf Stroh, Kompost oder Holz. Genaue Kulturanleitungen vervollständigen das „Startpaket", die ersten Pilze erscheinen je nach Pilzart nach zwei bis drei Monaten.

Bevor man sich für die Pilzkultur entschließt, sollte man die haus- bzw. garteneigenen Bedingungen abklären und danach die richtigen Pilzarten auswählen. Prinzipiell sind halbschattige bis schattige Standorte und eine gleichmäßige Feuchtigkeit unerlässliche Voraussetzungen.

Links und Web-Seiten für Pilzkulturen

Europa

www.euro-pilz.de/neu/
www.trockenpilze.de
www.shiitake.at

USA

www.shiitakecenter.com (Arkansas)

Im Folgenden finden Sie eine Auflistung der kultivierbaren heimischen Pilze:

Kultivierbare heimische Pilze

Agaricus brunnescens (Kulturchampignon)
Agaricus bitorquis (Stadtchampignon)
Armillaria mellea (Hallimasch)
Auricularia auricula-judae (Judasohr)
Coprinus comatus (Schopftintling)
Flammulina velutipes (Samtfußrübling)
Grifola frondosa (Klapperschwamm)
Lepista nuda (Violetter Rötelritterling)
Lyophyllum decastes (Ockerbrauner Büschelrasling)
Macrolepiota rhacodes (Safranschirmling)
Morchella esculenta (Speisemorchel)
Pleurotus ostreatus (Austernpilz)
Pleurotus pulmonarius (Lungenseitling)
Pholiota mutabilis (Stockschwämmchen)
Stropharia rugosoannulata (Rotbrauner Riesenträuschling)

Weitere, exotische Arten wie den Shiitakepilz findet man in verschiedenen Spezialbetrieben. Neuerdings ist der Zugang zu den gewünschten Informationen über bestimmte Pilzarten via Internet leicht und rasch möglich.

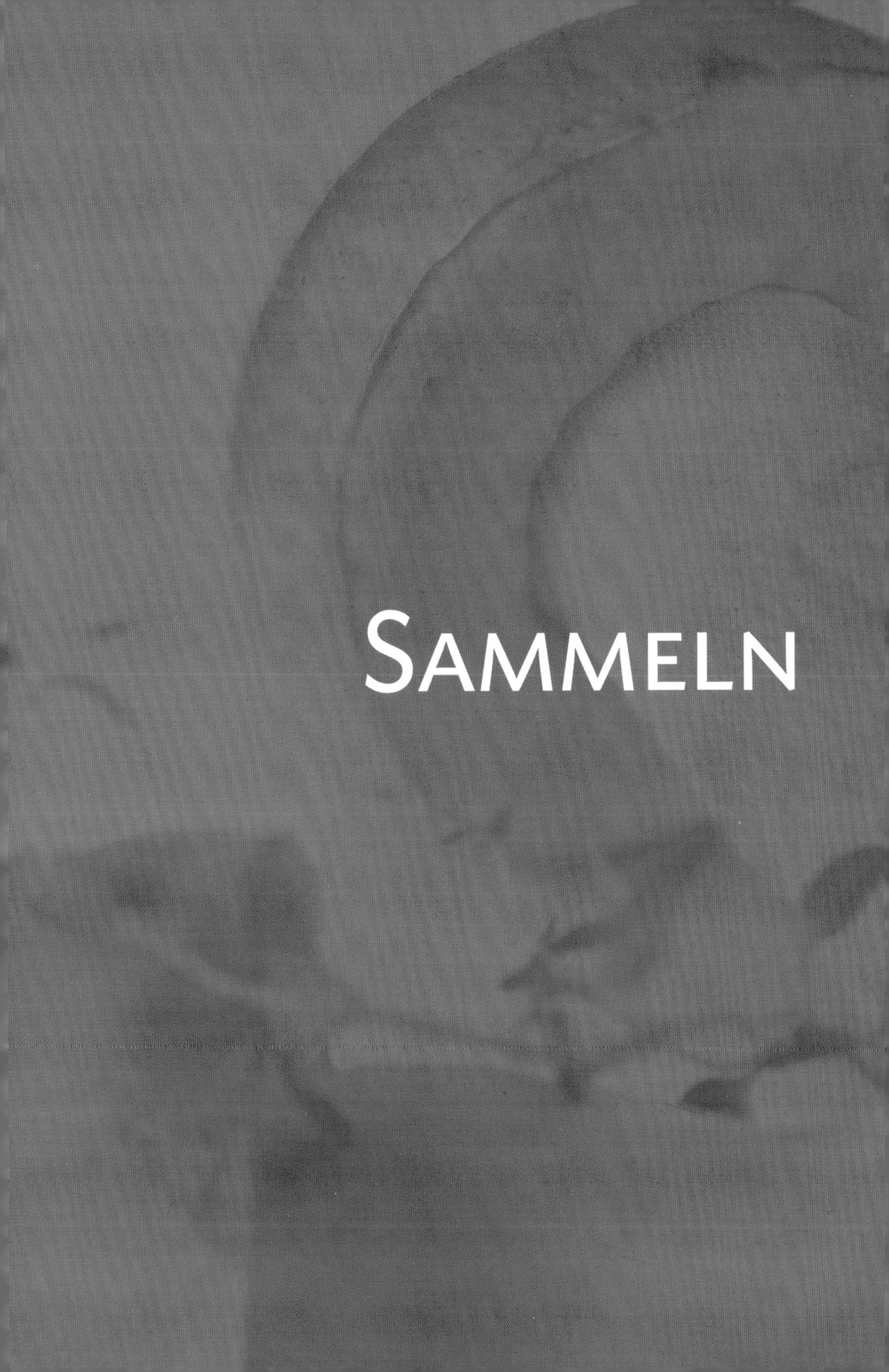

Sammeln

Der Frühling

Wenn mit der wärmenden Frühlingssonne die Pflanzenwelt wieder erwacht, zieht es Naturliebhaber unwiderstehlich hinaus. Zahlreiche Wildkräuter gilt es aufzuspüren, schließlich gehören Brennnessel und Bärlauch ja fast schon zu fixen Bestandteilen alternativer Marktangebote.

Wer solchen Köstlichkeiten nachstellt, kann ab April auch bei den Speisepilzen fündig werden. Besonders in Auwäldern sucht der routinierte Pilzsammler ältere Exemplare der Esche. Unter ihnen sind häufig die Speisemorchel (*Morchella esculenta*) und ihre Verwandten (z. B. *Morchella conica*) zu finden. An Gebüschsäumen stehen die kleinen Verpeln (Gattungen *Mitrophora, Ptychoverpa, Verpa*), die aber nur gebietsweise in Mengen auftreten, die zu sammeln sich lohnt.

Beim Spazieren in Wäldern sollte man seine Schritte bewusst zu Buchen lenken. Dort können auf Stubben und toten Stämmen die Büschel des Stockschwämmchens (*Pholiota mutabilis*) gefunden werden, eines ausgezeichneten Speisepilzes. Da er aber, wie viele unserer essbaren Lieblinge, einen tödlich giftigen Doppelgänger hat, wird der Sammler zuallererst die Beschaffenheit der Stiele der erhofften Beutestücke prüfen: Sind sie unterhalb des mehr oder weniger deutlichen Ringes sparrig dunkelbraun beschuppt, steht einer guten Mahlzeit nichts im Wege.

Ebenfalls beachtet werden sollten warme Waldsäume, Wiesen und Forstwege, da sich dort termingemäß Anfang Mai der Mairitterling oder Maipilz (*Calocybe gambosa*) einstellt. Er ist ein ortstreuer Gesell, den man über viele Jahre erwartungsvoll aufsuchen wird. Durch seine helle Färbung und den angenehmen Mehlgeruch ist er kaum zu verwechseln. Lediglich auf den rot verfärbenden Risspilz (*Inocybe patouillardii*) ist zu achten, auf den wir gleich näher eingehen werden.

Wenn die Jahreszeit auch nur wenige Pilzdelikatessen zu bieten hat, so ist der Genuss umso größer, da jetzt die Exklusivität das geschmackliche Erlebnis noch steigert.

Der Mairitterling (Maipilz, Mai-Schönkopf)

(Calocybe gambosa; Calocybe georgii, Tricholoma gambosum, Tricholoma georgii)

Der schmackhafte Mairitterling wächst bevorzugt an grasigen Stellen am Waldrand oder auf Lichtungen, einzeln, in Gruppen (aber nicht in Büscheln!) oder in Ringen, man findet ihn aber auch in Parkanlagen und sogar in Fichtenjungwäldern. Er liebt kalkhaltige Böden und wärmebegünstigte Stellen. Am häufigsten ist er im Flach- und Hügelland, steigt aber im Gebirge bis in die Krummholzregion. Die Fundstellen sollte man sich gut merken, denn der Pilz erscheint an den gleichen Plätzen über viele Jahre. Seinen Namen verdankt er der Haupterscheinungszeit im Mai, nur in besonders warmen Jahren erscheint er schon Ende April. Im Gebirge tritt er naturgemäß später auf und kann in hohen Lagen noch Anfang Juli gefunden werden.

Mairitterling

Die Fruchtkörper dieses Pilzes vermitteln den Eindruck eines Kulturchampignons, haben aber keine dunkler gefärbten Lamellen. Das Fleisch ist fester und relativ elastisch, jedoch vor allem zum Hutrand hin brüchig. Es hat einen ausgeprägten und angenehmen Geruch und Geschmack nach feuchtem Mehl. Diesen Duft sollte man sich einprägen! Der Hut ist gleichmäßig gewölbt, nur im Alter ist sein Rand leicht gewellt. Er ist (3–) 5–9 (–13) cm breit, glatt und kahl und gewöhnlich wie Stiel und Lamellen gleichmäßig gefärbt, nämlich cremeweiß. Es gibt aber auch Formen mit ockerfarbenen oder rußigbraunen Hüten. Es tritt keine Radialfaserung auf! Die Lamellen sind niedrig und dicht gestellt, sie erreichen gewöhnlich den Stiel nicht ganz und sind keinesfalls herablaufend. Der Stiel ist kompakt und meist gleichmäßig (1–) 1,5–2 (–2,5) cm dick, seltener ist er zur Basis hin verbreitert. Unter den Lamellen ist er etwas flockig. Seine Länge entspricht in der Regel etwa dem Hutdurchmesser.

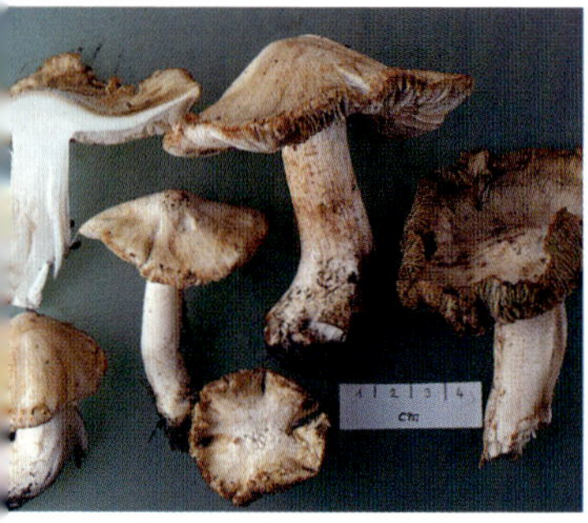

Ziegelroter Risspilz

Aufgrund der frühen Erscheinungszeit, des kompakten Aussehens, des festen Fleisches, des markanten Mehlgeruches und der gleichmäßigen Färbung ist eine Verwechslung des Mairitterlings mit anderen Pilzen kaum möglich. Trotzdem sind Vergiftungen durch den Ziegelroten Risspilz (*Inocybe patouillardii*) aufgetreten. Dieser besitzt einen kegeligen Hut mit Radialfaserung und oft radialen Einrissen (Name!), rötliches Fleisch und im Alter schmutzig bräunliche Lamellen. Sein Duft ist obstartig und im Alter unangenehm muffig. Er besiedelt ähnliche Stellen wie der Mairitterling und enthält größere Mengen des Nervengiftes Muskarin. Merkt man sich sein Aussehen und seine Merkmale gut, wird die Suche nach Mairitterlingen zu einer ungefährlichen Angelegenheit.

Wie bei vielen Pilzen – sogar beim Steinpilz – gibt es auch beim Mairitterling persönliche Unverträglichkeitsreaktionen. Manche Menschen haben Aversionen gegen seinen markanten Geruch und Geschmack. Deshalb sollte jeder seinen persönlichen Zugang zu dieser Köstlichkeit des an Speisepilzen armen Frühlings suchen. Am besten schmecken übrigens junge Fruchtkörper. Und was noch gesagt werden muss: Der Mairitterling hat blutzuckersenkende Wirkung.

Die Speisemorchel

(Morchella esculenta)

Die Speisemorchel, einer der edelsten Speisepilze, wächst an sonnigen Stellen im April und Mai in Laub- und Mischwäldern, aber auch in Parkanlagen. Vor allem in Auwäldern, wo sie Eschen bevorzugt und gern an Bachrändern steht, findet man sie häufig.

Der Fruchtkörper der Speisemorchel ist zwischen 3 und 15 cm hoch, innen gänzlich hohl und von brüchiger Konsistenz. Die in Farbe und Form sehr veränderliche Speisemorchel kann man daran erkennen, dass sie einen wabenartig gekammerten, dunklen Hut und einen hellen Stiel besitzt. Der Hut ist rundlich oder breit kegelförmig, gelbbraun, braun oder orangegelb und hat unregelmäßige, aber klar begrenzte Waben. Der Stiel ist mit dem Hut an dessen Unterkante verwachsen. Das Pilzfleisch ist von angenehmem Geruch, der Geschmack ist mild.

Essbare Doppelgänger sind die Spitzmorchel (*Morchella conica*) und andere Morchel-Arten, alle innen hohl und essbar. Die Spitzmorchel hat einen dunkleren, spitzeren und anders gekammerten Hut, bei dem die Waben überwiegend längs verlaufen, sie sieht sonst recht ähnlich aus. Die ebenfalls recht ähnlichen, aber selteneren Verpeln (Gattungen *Mitrophora, Ptychoverpa* und *Verpa*) unterscheiden sich von den anderen Morcheln dadurch, dass ihr Hut wie ein Mützchen auf dem Stiel sitzt. Dieser ist nicht an der Hutunterkante, sondern in der Hutmitte festgewachsen. Verpeln sollten geschont und nur ausnahmsweise gesammelt werden.

Verschiedene Morchelarten, vor allem die Spitzmorchel, werden sowohl frisch als auch getrocknet im Fachhandel angeboten.

Wirklich kritisch ist eine Verwechslung der Speisemorchel mit der giftigen Frühjahrslorchel (*Gyromitra esculenta*). Sie wächst jedoch im Nadelwald, bevorzugt unter Kiefern, und erscheint meist früher als die Speisemorchel. Das sicherste Unterscheidungsmerkmal ist ihr andersartiger Hut. Er ist meist von rotbrauner Farbe und nicht deutlich wabenartig gekammert, sondern gehirnartig gewunden. Außerdem ist der Fruchtkörper innen nicht gänzlich hohl wie bei der Speisemorchel. Entgegen manch anders lautenden Empfehlungen, vor allem älterer Pilzbücher, sollte man die Frühjahrslorchel weder gekocht noch getrocknet genießen, sondern überhaupt nicht. Auch ein Weggießen des Kochwassers beseitigt die Risikosubstanzen nicht vollständig. Frühjahrslorcheln enthalten ein in seiner Menge variables Gift, das im Magensaft Abbauprodukte bildet, die in hohem Maße Krebs erregend sind.

Speisemorchel

Spitzmorchel

Käppchenmorchel / Runzelverpel

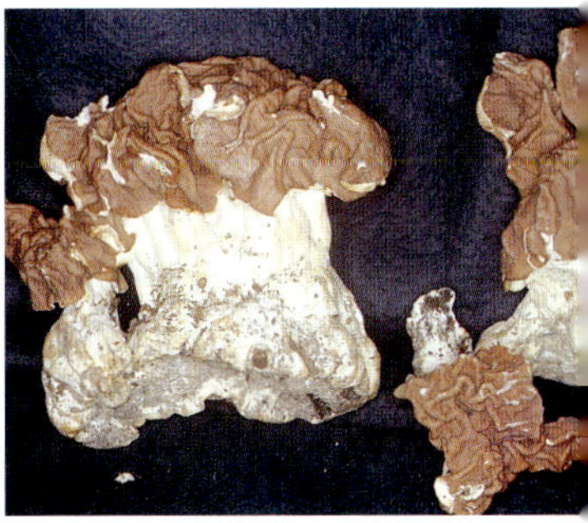

Frühjahrslorchel

Das Stockschwämmchen

(Pholiota mutabilis, Kuehneromyces mutabilis)

Einer der besten Speisepilze der kühleren Jahreszeit, die auf Holz wachsen, ist das Stockschwämmchen. Es erscheint von April bis Dezember in zwei bis drei Fruchtschüben und wächst auf Stubben und gefallenen Stämmen vor allem von Buchen, aber auch am Fuß lebender Laubbäume, vornehmlich Linden und Birken. In Nadelwäldern ist das Stockschwämmchen nur ganz ausnahmsweise zu finden, wohl jedoch sein giftiger Doppelgänger, der Gifthäubling.

Stockschwämmchen

Stockschwämmchen werden bis 10 cm hoch und der Hut bis 7 cm breit, gewöhnlich sind die Fruchtkörper aber etwas kleiner. Der Hut ist im frischen Zustand leicht fettig glänzend, im feuchten Zustand ist eine breite rostbraune bis zimtfarbene Randzone deutlich vom helleren honig- bis blassgelben Zentrum zu unterscheiden. Der schlanke Stiel trägt in Hutnähe einen häutigen bis faserigen Ring (bei alten Fruchtkörpern nur mehr undeutlich) und ist unterhalb des Ringes dicht sparrig braun bis schwarzbraun beschuppt. Geruch und Geschmack sind angenehm kräftig würzig.

Schon im Gelände werden die kleinen schwarzen Käfer, die sich gern zwischen den Lamellen verstecken, durch Abklopfen entfernt. Sammeln Sie ganze Fruchtkörper, um zuhause nochmals mithilfe eines guten Bestimmungsbuches die Identität zu bestätigen. Verwenden Sie zum Kochen allerdings nur die Hüte, da die Stiele zu zäh sind. Besonders würzig wird der Pilz durch das Trocknen. Das Stockschwämmchen lässt sich übrigens leicht züchten.

Gifthäubling

Der stark giftige Gifthäubling (*Galerina marginata*) wächst überwiegend einzeln an Nadelhölzern, seltener an Laubholz. Er ist generell kleiner als das Stockschwämmchen und riecht und schmeckt nach Mehl. Besonders wichtig zur sicheren Unterscheidung ist der unter dem Ring ungeschuppte Stiel, der beim Stockschwämmchen wie bereits erwähnt dicht sparrig braun bis schwarzbraun beschuppt ist. Im Zweifel den Pilz auf keinen Fall sammeln!

Der Sommer

Der Sommer beginnt kalendarisch am 21. Juni, für den Pilzsammler aber oft schon früher, nämlich Anfang Juni, mit den ersten Sommersteinpilzen *(Boletus aestivalis)* und Pfifferlingen *(Cantharellus cibarius)*. Auch Täublingen kann schon nachgespürt werden. Der geübte Jäger beachtet nun sorgfältig die Wetterentwicklung. Vor allem bei Auftreten ausgiebiger Sommergewitter ist es entscheidend, wenige Tage danach die bewährten Sammelgründe aufzusuchen.

Eichenwälder sind nun unser Hauptziel. Man achte auf die Himmelsrichtung, denn Südhänge sind wärmebegünstigt, Nordhänge hingegen feuchter. Krautiger Unterwuchs, vor allem mit Brombeeren, ist wenig Erfolg versprechend. Moosige Stellen und Waldränder sind hingegen immer wert, überprüft zu werden. Kleine Senken oder Gräben sind gewöhnlich bodenfeuchter als angrenzende erhabene Stellen. Sorgfältiges Beobachten der Gegebenheiten im Gelände ist eines der vielen Geheimnisse der erfolgreichen Pilzsuche.

Auch Buchenwälder sollten jetzt auf bodenfeuchte Stellen abgesucht werden, sind doch hier die ersten Pfifferlinge zu finden. In lichten Wäldern schieben nach reichlich Regen die Parasole *(Macrolepiota procera)* ihre eleganten Hüte gleichsam „über Nacht" aus dem Boden. Die Kenntnis der einzelnen Laub- und Nadelbäume beginnt nun entscheidend für den Erfolg zu werden (siehe Seiten 12, 13). So ist zum Beispiel der ortshäufige Hainbuchen-Raufuß *(Leccinum carpini)* nur im gleichnamigen Wald erfolgreich zu suchen.

In Nadelwäldern wird die Ausbeute jetzt noch relativ gering sein, dennoch sind Frauentäublinge *(Russula cyanoxantha)* und vielleicht die ersten Herrenpilze *(Boletus edulis)* zu erwarten. Auch Perlpilze *(Amanita rubescens)* zeigen sich bereits, sind jedoch meist von Mückenlarven befallen. Perlpilze sind cremefarbene Lamellenpilze, die hell-kupferrot überlaufend sind und am Hut Flecken tragen wie der Fliegenpilz. Sie sind essbar, gehören aber in eine Gattung, die die giftigsten heimischen Arten wie etwa Knollenblätterpilze enthält. Sie sollten ihn deshalb nur bei sicherer Kenntnis sammeln. Später gesellt sich der Brätling *(Lactarius volemus)* dazu, auch zahlreiche Röhrlinge beginnen mit der Fruchtkörperbildung. Safranschirmlinge *(Macrolepiota rhacodes)* sind in der Fichten-Nadelstreu zu suchen.

Waren im Frühjahr die Auwälder noch bevorzugtes Ziel unserer Pilzsuche, werden uns jetzt die Gelsen davon fernhalten. Lediglich der Cremeweiße Seitling *(Pleurotus pulmonarius)*, die Sommervariante des Austernseitlings *(Pleurotus ostreatus)*, würde eine Wanderung dort noch lohnen.

In tieferen Lagen bewirkt die Hitze des Hochsommers eine natürliche Unterbrechung für den Sammler. In dieser Zeit wird man bevorzugt die Gebirge aufsuchen, in denen die Austrocknung nicht ganz so stark ist und die nächtliche Taubildung für zusätzliche Feuchtigkeit sorgt. Bodensaure Fichtenwälder belohnen mit dem Wieseltäubling *(Russula mustelina)* und mit Pfifferlingen, vor allem zwischen Heidelbeeren. Bei Larchen sind der Goldröhrling *(Suillus grevillei)* und seine Verwandten zu finden, allesamt für Mischgerichte geeignet.

Föhrenwälder, vor allem über Sandböden, sind die Standorte von Kiefernsteinpilz *(Boletus pinophilus)*, Butterpilz *(Suillus luteus)* und Körnchenröhrling *(Suillus granulatus)* sowie vom Reifpilz oder Zigeuner *(Rozites caperata)*. Letzterer speichert ungewöhnlich stark radioaktives Zäsium und sollte deshalb nicht mehr gesammelt werden.

Der Brätling

(*Lactarius volemus*)

Der Brätling ist einer der wenigen Pilze, die auch roh gegessen werden können. Sein Name kommt daher, dass man ihn früher einfach in Scheiben geschnitten, gesalzen und auf der Herdplatte abgebraten hat. Er gehört zur Gattung der Milchlinge (*Lactarius*), die den Täublingen (*Russula*) sehr ähnlich sind, die aber stets beim Anbrechen eine arttypisch gefärbte Milch entlassen. Von den Milchlingen sind für den kulinarisch Interessierten sonst nur noch die verschiedenen Reizker (*Lactarius deliciosus* und Verwandte, siehe Seite 38) interessant.

Brätling

Der Hut des Brätling ist gewöhnlich etwa 10 cm breit, der Stiel etwa so lang wie der Hutdurchmesser. Hut und Stiel sind völlig gleich samtig rotbraun gefärbt. Die Lamellen sind cremefarben. Der Pilz ist festfleischig; wird der Stiel beim Sammeln abgeschnitten, quillt sofort reichlich weißliche Milch hervor, die mild schmeckt und nach Süßkartoffel riecht. Die Finger färben sich beim Sammeln dunkelbraun und riechen intensiv, fast nach Fisch. Da die Milch wesentlich zum guten Geschmack des Pilzes beiträgt, sollte man ihn nur in große Stücke schneiden und sofort verarbeiten.

Der Brätling wächst in Nadel- und Laubwäldern, vor allem in alten Kiefernbeständen. Er ist relativ trockenresistent und damit ideales Sammelobjekt bei mäßig trockenem Sommerwetter.

Der Parasol oder Riesenschirmling

(*Macrolepiota procera*)

Als Sonnenschirm wird er wohl kaum taugen, als Speisepilz wird er von Kennern hoch geschätzt: Der Parasol ist ein Pilz von warmen, sonnendurchfluteten Wäldern und wird am besten einige Tage nach ausgiebigen Sommergewittern gesucht. Da er ortstreu ist, sollte man seine Plätze gut in Erinnerung bewahren.

Der Pilz wird bis zu 40 cm hoch und ist eine der auffallendsten Erscheinungen unserer Wälder. Auf cremefarbenem Grund trägt der bis 25 cm breite Hut dunkle Schuppen in ringförmiger Anordnung, sein Zentrum ist leicht gebuckelt und einheitlich braun. Der schlanke Stiel hat eine knollige Basis, ist cremefarben und braun ringartig genattert. Er trägt einen beweglichen doppelten Ring. Das Fleisch der Fruchtkörper verfärbt sich nicht rötlich, sein Geschmack ist angenehm nussartig.

Der erste Doppelgänger des Parasol ist ebenfalls ein Speisepilz, nämlich der Safranschirmling (*Macrolepiota rhacodes*). Bei aller Ähnlichkeit ist er generell etwas kleiner und düsterer gefärbt, vor allem aber verfärbt sich nach Abschaben sein Fleisch zuerst safrangelb, bald jedoch braunrot. Er ist vor allem in der Nadelstreu von Fichtenwäldern zu finden. Einige weitere Schirmlinge, die alle viel zarter als der Parasol sind, sind potenzielle Doppelgänger, jedoch allesamt essbar und daher ungefährlich.

Einzig auf gedüngten Wiesen und Komposthaufen ist Vorsicht geboten: Ein Schirmling mit robustem, ziemlich kurzem Stiel und einfachem Ring sowie viel dünklerem Hutzentrum und nur wenigen randlichen dunklen Schuppen ist gefährlich, und zwar der Gift-Riesenschirmling (*Macrolepiota venenata*). Er ist selten und es ist fraglich, ob er in Mitteleuropa überhaupt vorkommt. Sein Fleisch verfärbt schwach weinrötlich bis trübrot. Er wird wohl meist mit dem Böhmischen Safranschirmling (*Macrolepiota bohemica*) verwechselt. Beide giftigen Schirmlinge erzeugen Erbrechen und Durchfall, sind aber nicht lebensbedrohend.

Parasol

Safranschirmling

Böhmischer Safranschirmling

Der Pfifferling (Eierschwamm)

(Cantharellus cibarius)

Neben den Steinpilzen ist der Pfifferling wohl der bekannteste und beliebteste Speisepilz. Seinen Namen verdankt er dem leicht schärflichen Geschmack, den er im rohen Zustand hat. Er erscheint von Juni bis September.

Pfifferlinge

Erfahrene Sammler wissen um die farbliche Veränderlichkeit dieses überaus charakteristischen Pilzes, der kaum mit einem anderen zu verwechseln ist. Im Frühsommer findet man den Pfifferling vor allem in Buchenwäldern, wobei man auf die Bodenfeuchtigkeit achten sollte. Diese Form ist auffallend blass. Später im Jahr wird man vor allem moosige Fichtenwälder oder auch Bestände von Heidelbeeren aufsuchen. Die hier wachsenden Pilze sind kräftig gelb gefärbt. Alle Formen des Pfifferlings besitzen ein festes, fast zähes Fleisch, das kaum von Insektenlarven befallen wird.

Der Pfifferling ist einheitlich gefärbt, sein Stiel gewöhnlich ziemlich robust und der flach trichterförmige Hut in der Mitte nicht oder nur wenig eingesenkt. Auf der Unterseite trägt er lamellenartige, gegabelte Leisten.

Mit dem Pfifferling sind die Trompetenpfifferlinge und die Herbsttrompete verwandt. Sie alle sind hervorragende Speisepilze, die im Kapitel „Herbst" näher behandelt werden (siehe Seite 41).

Falscher Pfifferling

Als Doppelgänger des Pfifferlings ist der Falsche Pfifferling (*Hygrophoropsis aurantiaca*) zu nennen, der viel intensiver, nämlich orange, gefärbt ist und einen vergleichsweise schlankeren Stiel besitzt. Er wächst in verschiedensten Waldarten, gern an Holzresten, vor allem im September und Oktober. Er ist nicht giftig, aber höchstens gut gekocht essbar und ohne Speisewert.

Der giftige Leuchtende Ölbaumpilz (*Omphalotus illudens*) ist wärmeliebend und im Mittelmeergebiet zuhause, wo er bevorzugt Ölbäume befällt. In Mitteleuropa ist er sehr selten, wenn er doch vorkommt, wächst er bei Eichen und Edelkastanien. Durch seinen büscheligen Wuchs, die orangebraune Färbung und die abweichende Lebensweise sollte er mit dem Pfifferling nicht zu verwechseln sein.

Leuchtender Ölbaumpilz

Röhrlinge

(Gattungen *Boletinus, Leccinum, Suillus, Xerocomus*)

Ab Sommerbeginn sind in Laub- und Nadelwäldern verschiedene Röhrlinge zu finden, von denen viele essbar sind und in Mischgerichte Eingang finden können. Die Sommersteinpilze gehören zu den frühesten Arten, werden aber in einem gesonderten Abschnitt behandelt. Viele der jetzt schon auftretenden Röhrlinge sind bis in den Herbst zu finden.

Schon Anfang Juli findet man nach Gewittern recht zahlreich die eher kleinen Rotfußröhrlinge *(Xerocomus chrysenteron)*, die aber häufig von Pilzmücken befallen werden. Deshalb sollte man jeden Fruchtkörper bereits im Wald auf seine Küchentauglichkeit prüfen, befallene Pilze lässt man zum Aussporen zurück, sie haben noch eine wichtige Funktion in der Waldökologie. Die Rotfußröhrlinge erscheinen dem Laien sehr veränderlich und sind in der Tat zumindest drei verschiedene Arten (*Xerocomus chrysenteron*, *Xerocomus porosporus*, *Xerocomus pruinatus*). Alle sind gleichwertig verwendbar.

Rotfussröhrling

Röhrlinge sind dankbare Pilze für den kulinarisch Interessierten. Durch ihre Röhren an der Unterseite und die symmetrisch geformten Fruchtkörper sind sie sehr leicht erkennbar. Wenn nun noch alles ausgeschieden wird, was rote oder rötlich gefärbte Röhren besitzt (überwiegend seltene und wärmeliebende Boletus-Arten, die nur bei wirklich sicherer Kenntnis in ausgewählten Fällen gegessen werden), dann ist keine Gefahr der Vergiftung gegeben. Das heißt: Wir sammeln nur Fruchtkörper mit gelben oder gelblichen Röhren. Der Anfänger beschäftige sich bevorzugt mit dieser Gruppe unter Zuhilfenahme eines guten Bestimmungsbuches. An ihr kann das Auge geschult werden, das notwendige Gefühl für die relevanten Unterschiede zwischen den Arten entwickelt sich während der Pilzsuche.

Viele Röhrlinge sind an bestimmte Bäume gebunden (vgl. die Steinpilze). Gute Kenntnis der Wirtsbäume, von denen wir in diesem Buch die wichtigsten auf Seiten 12, 13 vorstellen, wird die Suche wesentlich erleichtern.

Die Filzröhrlinge (Gattung *Xerocomus)* besitzen eine samtig trockene Hut-Oberseite, die bei den Schmierröhrlingen (Gattung *Suillus*) schleimig beschaffen ist. Der Sammler lasse sich von Letzterem nicht abschrecken, geschmacklich ist dadurch keinerlei Beeinträchtigung gegeben. Für die Verwendung in Risottos oder als Nudel-Sugo kann das sogar von Vorteil sein, da sich die Soße besser mit der Beigabe bindet.

Viele Röhrlinge, wie Butterpilz (*Suillus luteus*; individuell unverträglich!), Ziegenlippen (*Xerocomus spadiceus* und *Xerocomus subtomentosus*), Hohlfußröhrling (*Boletinus cavipes*), Rotkappen (*Leccinum aurantiacum* und *Leccinum versipelle*), Birkenpilz *(Leccinum scabrum)*, Raufuß (Gattung *Leccinum*), Filzröhrling und Schmierröhrling, eignen sich vor allem für Mischgerichte und zum Trocknen (in besonderen Fällen können manche Arten auch für sich allein interessante Kompositionen ergeben). Die geschmackliche Vielfalt kann durch geschicktes Kombinieren verschiedener Arten eine große Bereicherung für den Pilzliebhaber darstellen.

Ziegenlippe — Hohlfussröhrling
Goldröhrling — Butterpilz

Hohlfussröhrling

Birkenpilz

Hainbuchen-Raufuss

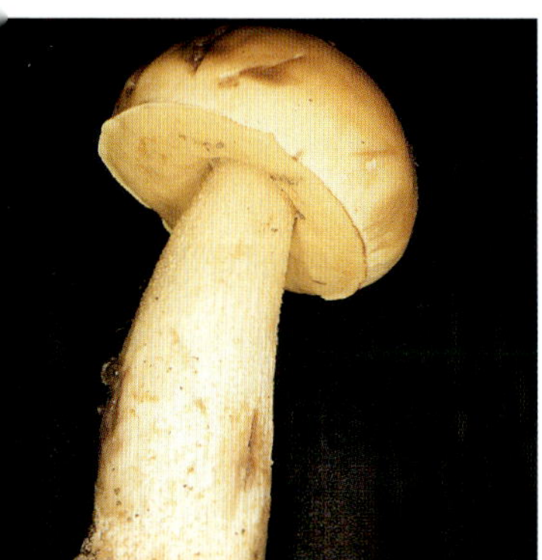

Gelber Raufuss

Rotkappen und Birkenpilze

(Gattung *Leccinum* = *Krombholziella*)

Rotkappen und Birkenpilze sind leicht erkennbare Vertreter aus der Gattung der Raufußröhrlinge, die allesamt essbar sind. Charakteristisch ist der meist dunkel-flockig-schuppige Stiel, dessen Grundfarbe hell ist, wodurch es zu dem leicht erkennbaren Kontrast kommt. Noch in jüngster Zeit wurde etwa ein gutes Dutzend Arten unterschieden, die modernste Bearbeitung anerkennt jedoch etwa 40 Arten. Für den kulinarisch interessierten Sammler ist das ohne Belang, da keine ungenießbaren oder gar giftigen Vertreter bekannt sind.

Raufüße erscheinen vom Sommer bis in den Herbst. Zu beachten ist, dass die verschiedenen Arten mit jeweils ganz bestimmten Bäumen in Gesellschaft leben. Die Espenrotkappe *(Leccinum aurantiacum)* erscheint gelegentlich schon ab Mai beim gleichnamigen Baum, ist jedoch nach sommerlichen Trockenperioden auch noch im Oktober zu erwarten. Typisch ist der rotbraune Hut. Ähnlich gefärbt ist die Heiderotkappe *(Leccinum versipelle),* die mit Birken wächst und deren oft sehr große Fruchtkörper lockend aus dem Heidelbeerunterwuchs der Bergmischwälder hervorlugen. Ebenfalls bei Birken wachsen die verschiedenen Birkenpilze (*Leccinum scabrum* und Verwandte), die einen dunkel- bis schwarzbraunen Hut besitzen. Bei manchen Arten (z. B. *Leccinum variicolor*) verfärbt sich der Stiel im Anschnitt königsblau, was aber der Genießbarkeit keinen Abbruch tut. Die Birkenpilze sind auch in Mooren und sumpfigen Birkenwäldern zu finden, dort meist in einer blasshütigen Art (*Leccinum holopus*).

In Hainbuchenwäldern tritt in guten Jahren in größeren Mengen der Hainbuchen-Raufuß *(Leccinum carpini)* auf. Er ist wärmeliebend und gehört zu den kleineren Arten der Gattung. Sein Hut ist meist schmutzig ockerbraun und hat charakteristische Eindellungen. Bei Eichen ist schließlich der recht seltene Gelbe Rauhfuß (*Leccinum crocipodium*) zu finden, dessen Stielflocken gelb sind. Er sollte geschont werden.

Bei allen Raufüßen sind die Stiele zäh und sollten frisch nur von jungen Fruchtkörpern gegessen werden. Alle Arten eignen sich hervorragend zum Trocknen, wobei hier auch die Stiele verwendet werden können. Diese verfärben sich beim Trocknen meist schwärzlich. In Pilzmischungen und vor allem in Pilzpulver kann damit der Farbton je nach Belieben beeinflusst werden.

Die Steinpilze

(*Boletus edulis* und Verwandte)

Steinpilze sind Edelwild, sie stehen auf der Wunschliste jedes Pilzsammlers ganz oben. Zugleich gehören sie zu den beliebtesten Marktpilzen. Hinter dem Namen verbergen sich für den Kundigen sechs verschiedene Arten, die unterschiedliche Bindung an ihre Wirtsbäume haben. Fünf davon kommen im deutschsprachigen Raum vor, die sechste, an Hainbuchen gebundene Art, ist bisher nur aus Böhmen bekannt und am ehesten in Ostösterreich zu erwarten.

Die Arten sind an ihrer unterschiedlichen Färbung der Fruchtkörper zu erkennen. Der Herrenpilz oder Fichtensteinpilz (*Boletus edulis*) ist an Fichten gebunden, er hat einen rehbraunen Hut. Sein Stiel ist weißlich bis hellbraun und trägt am Oberende ein helles Netzmuster. Ihm ähnlich ist der Sommer- oder Eichensteinpilz (*Boletus aestivalis*), an Eichen gebunden, dessen Stiel lederbraun ist und dessen zumindest anfangs helles Netzmuster sich bis fast an die Stielbasis erstreckt. Ebenfalls an Eichen gebunden ist der recht seltene Bronzeröhrling oder Schwarzhütige Steinpilz (*Boletus aereus*), der einen dunkelbraunen Hut und einen kräftig braunen Stiel besitzt. Auf Letzterem ist das Netzmuster nur schwach erkennbar. Der Kiefernsteinpilz (*Boletus pinophilus*) ist an Föhren gebunden und hat einen rotbraunen Hut und einen braunen Stiel, auf dem aber ein helles Netzmuster bis zur Basis ausgebildet ist. Der vor allem in Nordeuropa heimische Birkensteinpilz (*Boletus betulicola*) lebt beim gleichnamigen Baum und ist hell gefärbt. Er ist selten und zu schonen. Der Hainbuchensteinpilz (*Boletus carpinaceus*) hat einen grauen Hut und einen rotbraun gefärbten Stiel mit reichlich Netzmuster. Er bevorzugt kalkhaltigen Boden. Jeder Fund im deutschsprachigen Raum sollte an Spezialisten gemeldet werden.

Die Steinpilz-Saison beginnt Anfang Juni mit dem wärmeliebenden Sommersteinpilz, der auch ziemlich trockenresistent ist. Bei Trockenheit zeigt die Huthaut häufig Risse, die Fruchtkörper sind wasserarm und schwer. Für manche ist der Sommersteinpilz die beste Art. Der Herrenpilz dagegen liebt höhere Luftfeuchtigkeit und ist deshalb vom Juli an nach Regenperioden zu finden, auch steigt er höher ins Gebirge als der Sommersteinpilz. Der Kiefernsteinpilz zeigt ähnliche Ansprüche wie der Herrenpilz, bevorzugt aber noch höhere Lagen. Er dringt weit nach Nordeuropa vor und kann ab Juli gefunden werden. Die übrigen Arten wird man nur selten in den Korb legen.

Fichtensteinpilz

Kiefernsteinpilz

Der Sommersteinpilz

Bei allen Steinpilzen sind die Röhren anfangs cremefarben und werden im Alter sattgelb. Wenn man den Fruchtkörper von der Seite betrachtet, sieht man, dass sich die Röhren nicht oder nur wenig hervorwölben. Diese Merkmale sind wichtig zur Unterscheidung vom Gallenröhrling, bei dem die Röhren anfangs weiß, später aber rosa gefärbt sind und sich kissenartig nach unten vorwölben. Das Netzmuster am Stiel ist auffal-

Gallenröhrling

lend grobmaschig. Die Fruchtkörper sind zudem für einen echten Steinpilz ziemlich klein. Der Gallenröhrling wächst auf sauren Böden, vor allem in Fichtenwäldern, und schmeckt gallbitter, weshalb er zuweilen als Enzian-Ersatz in Bitterlikören verwendet wurde. Er ist zwar nicht giftig, kann aber ein Steinpilz-Gericht gründlich vermiesen. Alle ähnlichen Röhrlinge mit roten oder rötlichen Röhren sollten nur von echten Kennern gesammelt werden. Einige sind giftig oder ungenießbar, die meisten sind selten.

Bei allen Steinpilzen schmecken junge Fruchtkörper am besten.

Die Täublinge

(*Russula*-Arten)

Die Täublinge umfassen verschiedene Arten der Gattung *Russula* und erscheinen etwa ab Juni, wenn also die Saison der Pilze richtig beginnt. Charakteristisch für die Täublinge ist ihr meist leuchtend gefärbter Hut, der Lamellen an seiner Unterseite zeigt. Die Hutfarben können aber auch weniger auffallend sein. Täublinge haben Ähnlichkeit mit den Milchlingen, die hauptsächlich im Herbst auftreten, aber im Gegensatz zu diesen keinen Milchsaft. Das Pilzfleisch der Täublinge ist spröde brüchig.

Im Allgemeinen gilt, dass im Rohzustand mild schmeckende Täublinge essbar sind, scharf schmeckende jedoch nicht. Die essbaren Arten treten zumeist im Frühsommer auf, die ungenießbaren später. Als Faustregel gilt: Leuchtend rote Hüte mit weißen Lamellen sind brennend scharf, trüb gefärbte Hüte mit cremefarbenen oder gelblichen Lamellen sind Erfolg versprechend. Man testet, indem man ein kleines Pilzstück auf die Zungenspitze gibt und probiert, ob es mild oder scharf ist. Dann spuckt man dieses unbedingt wieder aus. Zur Schonung der Pilze testet man, bevor man den Pilz erntet. Ist er ungenießbar, lässt man ihn stehen, weil er eine wichtige Funktion für den Wald hat.

Frauentäubling

Zu den Täublingen gehören einige exzellente Speisepilze wie der Frauentäubling und der Fleischrote Speisetäubling:

Der Frauentäubling, auch Violettgrüner Täubling (*Russula cyanoxantha*), ist von Juni bis Herbst einer der häufigsten Täublinge. Er kommt vor allem in Laubwäldern und dort gern bei Buchen und Eichen vor. In Nadelwäldern findet man ihn seltener.

Der Frauentäubling hat einen flachen, 9–15 cm großen Hut, hutunterseits Lamellen und einen kurzen, starken Stiel. Die Hutfarbe ist ein wenig variabel, meist schmutzig-violett bis stahlblau oder lila und speziell bei älteren Exemplaren eher olivgrün. Wichtig ist, dass die reinweißen Lamellen an der Hutunterseite elastisch sind und nicht brechen so wie bei anderen Täublingen. Der Stiel ist weiß und die Huthaut fein gefaltet und abziehbar. Der Pilz ist geruchlos und schmeckt roh mild und leicht nussartig.

Ein Doppelgänger des Frauentäublings ist der Hartfleischige Frauentäubling *(Russula langei)*, der cremefarbene Lamellen und einen grau-violetten Hut besitzt. Er ist ebenfalls ein guter Speisepilz, aber festfleischiger als der Frauentäubling.

Der Fleischrote Speisetäubling *(Russula vesca)* ist häufig ab Mai/Juni den Sommer über in Laub- und Nadelwäldern zu finden. Im Gegensatz zum Frauentäubling ist der Hut bräunlich bis fleischrosa gefärbt und etwas kleiner (6–11 cm). Wichtig ist, dass die Huthaut den Rand nicht ganz erreicht, es sieht aus, als würde der Pilz „die Zähne zeigen" oder ein weißes Röckchen tragen. Die Huthaut ist nur im Randbereich abziehbar. Die Lamellen und der kurze Stiel sind reinweiß, Letzterer zeigt bei älteren Exemplaren oft rostfarbene Flecken. Der Pilz ist geruchlos und schmeckt roh angenehm nussartig und leicht süßlich, auch er ist festfleischig.

Ein Doppelgänger des Fleischroten Speisetäublings ist der Grüne Speisetäubling (*Russula heterophylla*), er hat einen olivbraunen Hut und seine Huthaut reicht bis an den Hutrand. Auch er ist ein guter Speisepilz. Die giftigen Speitäublinge (*Russula emetica*) sind dem Fleischroten Speisetäubling nicht wirklich ähnlich, dennoch soll auf sie verwiesen werden. Sie schmecken allesamt im Rohzustand sehr scharf, sind weichfleischig und haben eine mehr oder weniger leuchtend rote Hutfarbe. Die Huthaut erreicht stets den Rand des Hutes. Die Pilze riechen obstartig, kommen häufig von Juli bis November in feuchteren Nadel- und Laubwäldern (Buche) vor und lösen heftige Durchfälle aus. Von ihrem Verzehr ist dringend abzuraten! Auch längeres Abkochen behebt das Problem nicht, denn über Wirkungsweise und Restaktivität der giftigen Substanzen ist wenig bekannt.

Der Wieseltäubling *(Russula mustelina)* hat einen gleichmäßig braun gefärbten Hut. Er ist ein Pilz an moosigen Stellen im Fichten-Bergwald. Auch er ist ein guter Speisepilz.

Die Liste der essbaren Täublinge ist damit bei Weitem nicht vollständig. Da aber das Erkennen der Art für den Genuss weniger wichtig ist als die Feststellung der Zugehörigkeit zu den Täublingen, wird hier auf eine allzu ausführliche Darstellung verzichtet. Es wird vielmehr auf die reichliche Literatur an Bestimmungsbüchern verwiesen.

FLEISCHROTER SPEISETÄUBLING

GRÜNER SPEISETÄUBLING

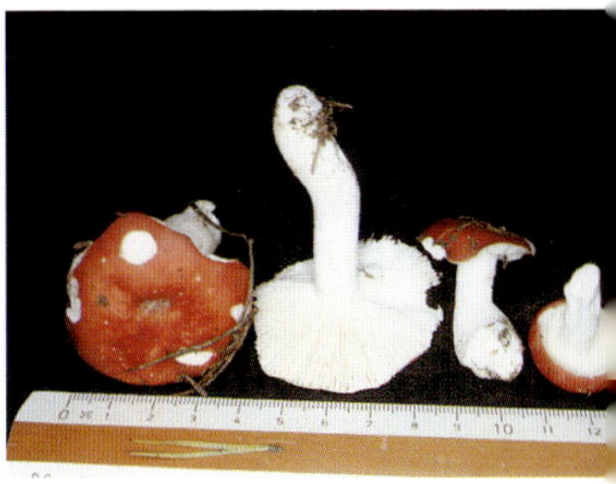

SPEITÄUBLING

WIESELTÄUBLING

Der Herbst

Der Herbst ist die Zeit des Pilzesammelns schlechthin. Allerdings ist eine strenge Trennung zu den Arten des Sommers nicht möglich, denn viele Pilze beginnen mit der Fruchtkörperbildung schon im Juli oder August und setzen diese bei entsprechender Witterung bis zum Oktober fort. Echte Herbstpilze sind die Rötelritterlinge (*Lepista*-Arten) und die Totentrompete (*Craterellus cornucopioides*).

Verschiedenste Waldtypen müssen jetzt aufgesucht werden. Bei Eichen locken Steinpilze *(Boletus aestivalis)*, Täublinge (Gattung *Russula*) gibt es allenthalben, Buchen sind ideale Partner für Rötelritterlinge und Totentrompeten, und Birkenwälder sind die Standorte von Raufüßen (Gattung *Leccinum*). Weniger streng an bestimmte Bäume gebunden sind Mönchskopf *(Clitocybe geotropa)* und viele Röhrlinge (z. B. *Suillus* und *Xerocomus*-Arten), die bereits seit dem Sommer gesammelt werden können.

Vor allem aber die Nadelwälder haben jetzt viel zu bieten: In Fichtenwäldern stehen die Safranschirmlinge *(Macrolepiota rhacodes)* und Waldchampignons *(Agaricus haemorrhoidarius* und *Agaricus silvaticus)* in der Nadelstreu, im Gebirge warten Kuhmaul *(Gomphidius glutinosus)* und Trompetenpfifferling *(Cantharellus tubaeformis)*. Bei Föhren gibt es gleich drei Arten von Reizkern *(Lactarius deliciosus, Lactarius sanguifluus* und *Lactarius semisanguifluus)*, und ein weiterer, der Lachsreizker *(Lactarius salmonicolor)*, tritt oft in großer Zahl bei Tannen auf. Auf totem Nadelholz fällt der weiße Gallertstacheling *(Pseudohydnum gelatinosum)* schon von weitem auf.

Aber auch außerhalb der Wälder ist viel zu finden. Egerlinge *(Gattung Agaricus)* besiedeln Wiesen und Parks, und Schopftintlinge *(Coprinus comatus)* sind sogar an Wegrändern anzutreffen.

Neben den vielen essbaren Pilzen wächst nun aber auch eine Schar von für Speisezwecke wertlosen, ungenießbaren oder auch giftigen Arten. Sie alle erfüllen wichtige Funktionen in den biologischen Kreisläufen und müssen geschont werden. Keinesfalls sollten Pilze verkehrt auf den Boden gelegt werden, besonders verwerflich ist mutwilliges Zerstören. Kein Giftpilz wird durch Zertreten ausgerottet, seine nützliche Tätigkeit aber schwer gestört. Erfreuen Sie sich an der Vielfalt und wandern Sie mit etwas Ehrfurcht und staunend durch die Wälder. Wer genau schaut, wird immer wieder Neues, Unbekanntes entdecken und dann vielleicht erkennen, wie wenig wir immer noch von der Natur wissen.

Die Egerlinge oder Champignons

(*Agaricus*-Arten)

Wiesenchampignon

Grüner und Frühlings-Knollenblätterpilz

Kegelhütiger Knollenblätterpilz

Waldchampignon

Perlpilz

Zu den bekanntesten Speisepilzen überhaupt gehören die Egerlinge, der Kulturchampignon ist der klassische Marktpilz schlechthin. Die Unterscheidung der Wildarten ist nicht ganz einfach, für den Sammler von Speisepilzen glücklicherweise aber kaum notwendig. Vielmehr muss man unter den wenigen giftigen oder ungenießbaren Arten den Karbol-Egerling oder Giftchampignon kennen. Beim Sammeln wird grundsätzlich jedes einzelne Exemplar geprüft.

Egerlinge sind mittelgroße Pilze von harmonischen Proportionen. Die Farbe des gewölbten Hutes variiert je nach Art von cremeweiß bis haselnussbraun, die Huthaut ist glatt oder mit braunen Schuppen bedeckt.

Bei allen Egerlingen sind die Lamellen in der Jugend blass fleischrosa, sie verfärben zur Reife zu Schokoladebraun. Das ist ein ganz wichtiger Unterschied zu den Wulstlingen (*Amanita*-Arten), zu denen die tödlich giftigen Grünen (*Amanita phalloides*), Frühlings- (*Amanita verna*) und Kegelhütigen (*Amanita virosa*) Knollenblätterpilze gehören. Letztere besitzen zudem eine Scheide um die Stielbasis, die den Egerlingen stets fehlt.

Wichtig ist das Verfärben des Fleisches bei Verletzung oder Druck. Während der Kulturchampignon und seine Verwandten gewöhnlich nur schwach röten, läuft das Fleisch beim Waldchampignon und seinen Verwandten ziemlich rasch dunkelrosa an. Diese Gruppe von Egerlingen könnte mit dem essbaren Perlpilz (*Amanita rubescens*) verwechselt werden, der aber deutliche Flocken am Hut trägt.

Eine dritte Gruppe von Egerlingen verfärbt gelb, hierher gehört der einzige gefährliche, der Karbol-Egerling. Während die essbaren gilbenden Egerlinge alle angenehm riechen, meist nach Anis, ist der Karbol-Egerling durch seinen unangenehmen Geruch gekennzeichnet, der mit Karbol, Tinte, Jod, Schmierseife oder Phenol verglichen wurde. Er ruft Erbrechen und Durchfall hervor.

Egerlinge sind in Nadel- und Laubwäldern, in Wiesen und Parkrasen, aber auch auf Kompost zu finden. Vor allem die gilbenden Arten können hohe Werte von Kadmium speichern, weshalb Egerlinge nicht zu häufig und nur in mäßigen Mengen konsumiert werden sollten.

Karbol-Egerling

Der Gallertstacheling (Zitterzahn, Eispilz)

(Pseudohydnum gelatinosum)

Ein unverwechselbarer Bewohner von abgestorbenem Nadelholz ist der Gallertstacheling. Seine gummiartige Konsistenz und die Stacheln an der Unterseite sind sehr charakteristisch. Anfangs ist der Pilz gänzlich weiß, ältere Fruchtkörper verfärben sich an der Oberseite bräunlich. Die Fruchtkörper werden bis 6 cm groß, der Geruch ist unbedeutend, der Geschmack jedoch recht angenehm.

Der Gallertstacheling bevorzugt höhere Lagen und erscheint von Juli bis November.

Gallertstacheling

Das Kuhmaul (Grosser Gelbfuss)

(Gomphidius glutinosus)

Ein auffallender Pilz der Bergnadelwälder ist das Kuhmaul. Seinen Namen hat er von der schleimigen Hutoberseite, die an das feuchte Maul eines Rindes erinnert. Dieser Schleim überzieht vor allem den jungen Hut zur Gänze und bleibt beim Aufschirmen als Ring am Stiel sowie als Fäden am Hutrand einige Zeit erhalten. Zuletzt trocknet der Schleimring ab und wird violettbraun.

Der Hut ist braun bis grauviolett und vor allem im feuchten Zustand sehr schleimig. Fichtennadeln und Schmutz bleiben leicht kleben, weshalb die Schleimschicht schon beim Sammeln entfernt werden sollte. Die Lamellen sind violettgrau, der Stiel ist weißlich und an seiner Basis leuchtend gelb gefärbt.

Das Kuhmaul erscheint von Juli bis Oktober bei Fichten, mit denen es in Symbiose lebt, und ist ein guter Speisepilz.

Kuhmaul

Die Reizker

(*Lactarius deliciosus* und Verwandte)

Lachsreizker

Fichtenreizker

Edelreizker

Weinroter Kiefernreizker

Die Reizker gehören zu den Milchlingen und sind an der roten oder orangen Milch, die bei Verletzung aus dem Fruchtkörper austritt, sehr gut erkennbar. Vom Aussehen ähneln sie den Täublingen, mit denen sie auch verwandt sind. Ihre Fruchtkörper sind orange oder orangerot, können aber bisweilen durch Beimengung dunkler Pigmente ziemlich düster gefärbt sein, die Grundfärbung bleibt jedoch stets erhalten.

Die Reizker zeigen die Besonderheit der Symbiose mit Wirtsbäumen. Der Lachsreizker *(Lactarius salmonicolor)* kommt ausschließlich bei Tannen vor, ist stark orange gefärbt und hat einen gefleckten Stiel. An Fichte gebunden ist der Fichtenreizker *(Lactarius deterrimus)*. Er ist eher karottenrot gefärbt und meist grünspanartig gefleckt oder verfärbt, sein Stiel ist ungefleckt. An Kiefern (Föhren) sind bei uns drei Arten gebunden, von denen der Edelreizker *(Lactarius deliciosus)* der vergleichsweise häufigste und geschmacklich beste ist. Er ist ähnlich gefärbt wie der Fichtenreizker, verfärbt aber nicht grünlich und hat einen gefleckten Stiel. Ebenfalls gefleckt ist der Stiel des Weinroten Kiefernreizker *(Lactarius sanguifluus)*, der aber eher weinrötlich gefärbt ist und ein deutlich düstereres Erscheinungsbild zeigt. Ihm ähnlich ist der grünlich verfärbende Spangrüne Kiefernreizker *(Lactarius semisanguifluus)*, dessen Stiel jedoch ungefleckt ist. Die beiden letztgenannten Arten sind bei uns eher selten.

Alle Reizker haben einen markanten, teils süßlichen Eigengeschmack, der bei Austrocknung verschwindet. Reizker werden deshalb stets so zubereitet, dass möglichst wenig von ihrer Milch verloren geht.

Zuletzt muss noch erwähnt werden, dass bei Birken eine giftige Milchlingsart wächst, die bei Unachtsamkeit mit den essbaren Reizkern verwechselt werden könnte. Der Birkenreizker (*Lactarius torminosus*) hat aber eine weiße Milch und schmeckt brennend scharf. Er ist eher rosa gefärbt mit auffallender ringförmiger Zonierung am Hut und besitzt einen zottigen Hutrand.

Spangrüner Kiefernreizker

Birkenreizker

Rötelritterlinge und Mönchskopf

(*Lepista*-Arten; *Clitocybe geotropa*)

Die Rötelritterlinge sind echte Herbstpilze, die meist erst mit dem ersten Laubfall auftreten. Sie sind durch violette Färbung und ihren niedergedrückten Wuchs gekennzeichnet. Im Vergleich zum flachbuckeligen Hut sind die Stiele relativ kurz. Das Fleisch ist fest und elastisch, weshalb die Rötelritterlinge gut gekocht werden sollen. Sie wirken blutzuckersenkend.

Der Violette Rötelritterling *(Lepista nuda)* hat einen braunvioletten Hut und graulila Lamellen sowie einen violetten Stiel, der mit einem weißen Filz überzogen ist. Er ist mittelgroß bei 5–15 cm Hutdurchmesser. Der Geruch ist angenehm fruchtig, der Geschmack mild. Er ist vor allem in Wäldern zu finden und bevorzugt Buchenlaub, wächst aber auch auf der Nadelstreu der Fichten. Ihm ähnlich ist der freudiger violett gefärbte Blassblaue Rötelritterling *(Lepista glaucocana)* mit erdartigem Geruch und schärflichem Nachgeschmack. Er ist als Speisepilz wertlos.

Violetter Rötelritterling

Der Lilastiel-Rötelritterling *(Lepista saeva)* ist kontrastreich gefärbt. Der Hut ist hell bis schmutzig ocker und ohne erkennbare Violettfärbung, der Stiel hingegen deutlich, teils freudig violett. Der Geruch ist süßlich, der Geschmack mild. Er wächst in Laubwäldern auf Kalkböden und ist wie der Violette Rötelritterling zur Speisenzubereitung verwendbar. Findet man einen Pilz, der dem Lilastiel-Rötelritterling entspricht, aber keinen violetten Stiel besitzt, dann sollte man den Geruch prüfen. Bei deutlichem Veilchengeruch hat man den Veilchen-Rötelritterling *(Lepista irina)* vor sich, der ebenfalls essbar ist.

Lilastiel-Rötelritterling

Ein weiterer festfleischiger, elastischer Pilz ist der Mönchskopf *(Clitocybe geotropa)*. Er ist hellocker und hat einen trichterigen Hut, der im Zentrum einen deutlichen Buckel trägt. Der Geruch ist süßlich, der Geschmack mild. Der Pilz wächst in lichten Laub- und Nadelwäldern auf kalkhaltigen Böden von September bis November. Der Mönchskopf ist ein guter Speisepilz, er eignet sich gut zum Trocknen.

Mönchskopf

Der Schopftintling

(Coprinus comatus)

Der Schopftintling ist ein überaus markanter Pilz und kaum zu verwechseln. Durch das tintenartige Zerfließen des Hutrandes älterer Exemplare ist seine Zugehörigkeit zu den Tintlingen leicht feststellbar. Wenn man nun noch beachtet, dass der Hut cremeweiß gefärbt ist und ein braunes Zentrum besitzt, das sich zum Rand hin in braune Schuppen auflöst, so ist eine Verwechslung mit anderen Tintlingen kaum möglich. Er wird bis 20 cm hoch und ist damit die größte heimische Tintlingsart.

Schopftintling

Der Schopftintling wächst bevorzugt auf Wiesen und an Wegrändern, gewöhnlich an nährstoffreichen Stellen. Er tritt immer in Gruppen auf, oft in vielen Dutzenden Exemplaren. Er erscheint zwar bereits ab Mai, ist aber vor allem ab September bis zu den ersten Frösten zu finden. Sein mild-aromatischer Geschmack erinnert an Fisch oder Hühnerfleisch und macht ihn zu einem der besten Speisepilze. Verzehrt werden allerdings nur die jungen, noch gänzlich weißen Fruchtkörper.

Trompetenpfifferlinge und Totentrompete

(Cantharellus tubaeformis, Cantharellus lutescens; Craterellus cornucopioides)

Zu den absoluten Leckerbissen des Herbstes gehören Verwandte des Pfifferlings, die gerade dann ihre Häupter zeigen, wenn sich der die wärmere Jahreszeit bevorzugende Pfifferling vom Speisezettel zurückgezogen hat. Trompetenpfifferlinge und Totentrompete treten gewöhnlich in Scharen auf und eignen sich hervorragend zum Trocknen.

Der Trompetenpfifferling *(Cantharellus tubaeformis)* hat einen graubraunen, trichterigen Hut und einen gelben Stiel. Er bevorzugt saure Böden und ist vor allem in moosigem Unterwuchs der Bergwälder zu finden. Ihm ähnlich ist der Starkriechende Pfifferling *(Cantharellus lutescens)*, der mehr orange gefärbt ist. Er hat einen auffallend fruchtigen Geruch und bewohnt die Nadelwälder der Gebirge, tritt aber ziemlich selten auf.

Die Totentrompete *(Craterellus cornucopioides)* beginnt seit einigen Jahren wieder, die feinen Restaurants zu erobern. Ihre nussbraunen Hüte sitzen auf einem anthrazitfarbenen Stiel, der ganze Pilz wird bei Regen fast schwarz. Deshalb wird er von vielen für ungenießbar gehalten, oder er scheint zumindest unappetitlich. Die Herbsttrompete, wie sie auch genannt wird, gehört jedoch zu den aromatischsten Pilzen überhaupt und wird wohl nur von Trüffeln übertroffen. Sie wächst in Laubwäldern auf Kalkböden, vornehmlich bei Eiche und Buche, und ist von Ende September bis Anfang November zu finden, selten früher. Wegen seines intensiven Geruches sollte der Pilz nicht mit anderen Arten im Kühlschrank gelagert werden.

Trompetenpfifferling

Starkriechender Pfifferling

Totentrompete

Der Winter

Das Ansinnen, bei Frost und Schnee Pilze zu suchen, werden viele als Verrücktheit belächeln. Wenn man dann auch noch behauptet, unter diesen Umständen Speisepilzen nachzuspüren, wird man kaum ernst genommen werden. Kann man jedoch die Beute vorlegen, ist einem der Applaus des Publikums gewiss!

Es gibt eine Reihe von Pilzen, die auch bei Schnee und sehr niedrigen Temperaturen Fruchtkörper bilden, manche von ihnen sogar ausschließlich während der kalten Jahreszeit. Es ist hier aber nicht von den Baumschwämmen die Rede, deren Fruchtkörper ja über viele Jahre erhalten bleiben. Nein, es geht um Pilze, die weiche und genießbare Hüte ausbilden.

Eingeweihte lenken ihre Schritte bewusst in Auwälder und Laubgehölze. Wenn die Niederschläge im November ausreichend waren und im Dezember noch kein strenger Frost aufgetreten ist, suche man nach geschwächten Pappeln, Weiden und anderen Laubbäumen. An ihren Stämmen können die schieferfarbenen Hüte des Austernpilzes *(Pleurotus ostreatus)* ganze Kolonien bilden. Ausgewachsene Stücke von 20 cm Durchmesser sind keine Seltenheit. Der Pilz ist ortstreu und bildet seine Fruchtkörper über viele Jahre an der gleichen Stelle. Man merke sich deshalb seine Erntebäume gut. Da er ein ausgezeichneter Speisepilz ist, wird er vielerorts gezüchtet, er gehört heute zum permanenten Marktangebot.

Die gleiche Ortstreue gilt für einen weiteren Winterpilz, dessen Erscheinungszeit ähnlich wie beim Austernpilz zwischen Oktober und März liegt. Der Samtfußrübling *(Flammulina velutipes)* fällt durch seine rostbraune Färbung sofort in der winterlichen Vegetation auf. Er besiedelt vornehmlich Laubholz und kann entweder einzeln, häufiger aber in ziemlich großen Gruppen wachsen und ist vor allem in Wäldern auf nährstoffreichen Böden wie Auwäldern zu finden. Leider tötet der Pilz seinen Wirtsbaum ab, weshalb der Samtfußrübling nur wenige Jahre an der selben Stelle anzutreffen ist. Auch der Samtfußrübling kann gezüchtet werden, verwendbar sind allerdings nur die Hüte, die Stiele sind zu zäh. Beim Trocknen entwickelt dieser Pilz ein angenehm süßlich-pilziges Aroma.

Freunde der chinesischen Küche sollten den winterlichen Holunderbüschen ein besonderes Augenmerk schenken. Auf ihren abgestorbenen Zweigen wächst nämlich das dunkelbraune Judasohr *(Auricularia auricula-judae)*. Der Pilz ist muschelförmig, wird bis zu 6 cm groß und kann ausgedehnte Kolonien an den Holunderzweigen bilden. Seltener besiedelt er Ahorn und andere Laubhölzer. Das Judasohr ist zwar ganzjährig anzutreffen, aber besonders im Winter ein erfreulicher Fund. Eine verwandte Art wird von den Asiaten geschätzt und im Handel angeboten. Das Judasohr gewinnt geschmacklich durch das Trocknen.

Der Austernpilz

(Pleurotus ostreatus)

Dieser dickfleischige Pilz besitzt gewöhnlich einen schiefergrauen Hut und cremefarbene Lamellen, die Hutfarbe ist aber variabel und kann bis ockerfarben reichen. Stets jedoch glänzt die Huthaut. Der Stiel ist gewöhnlich nach oben zu verdickt, an ihm laufen die Lamellen herab. Zudem ist er seitlich mit dem Hut verbunden und kann in Extremfällen überhaupt am Hutrand entspringen, deshalb hat der Pilz auch den weiteren Namen Austernseitling. Der Austernpilz kann nur mit wenigen verwandten Arten verwechselt werden, diese sind jedenfalls allesamt genauso gute Speisepilze. Generell sind junge Fruchtkörper höherwertig als voll entwickelte.

Austernpilze

Der Austernpilz ist nur im Spätherbst und Winter zu finden und wächst auf Buche, Hainbuche, Nussbaum und Pappel, auf diesen Hölzern ist er auch gut zu züchten. Andere Laubbäume wie Birke, Eiche, Rosskastanie und Weide werden weniger gern besiedelt und eignen sich daher auch kaum zum Züchten. Im Sommer wächst auf verschiedenen Laubhölzern der Lungen-Seitling *(Pleurotus pulmonarius),* der deutlich heller gefärbt ist als der Austernseitling. Er ist aber bei uns selten und nur in Nordeuropa von Bedeutung.

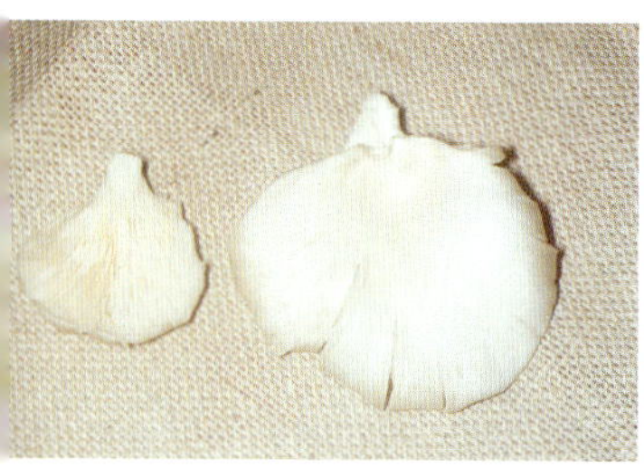

Lungen-Seitling

Das Judasohr

(Auricularia auricula-judae, Hirneola auricula-judae)

Die Fruchtkörper dieses Pilzes sind zuerst schüsselförmig, werden später meist muschel- oder ohrförmig und zwischen 2 und 6 cm groß, selten darüber. Die Oberseite ist samtig behaart, die Unterseite glatt und kahl. Beide Seiten sind gleichmäßig braun gefärbt und werden bei Befeuchtung dunkler.

Zu verwechseln ist das Judasohr am ehesten mit dem Gezonten Ohrlappenpilz *(Auricularia mesenterica)*. Dieser hat aber eine struppige Hutoberseite, bei der der Filz in konzentrischen Bändern angeordnet ist, was man gezont nennt. Die Unterseite ist dunkler und auffallend geadert. Der Gezonte Ohrlappenpilz ist lediglich ungenießbar, also nicht gefährlich.

Das Judasohr ist ganzjährig zu finden und ziemlich häufig. Bewohnt werden neben verschiedenen Laubhölzern vor allem die Zweige vom Holunder. Der frische Pilz ist im Geschmack neutral, gewinnt aber merklich durch das Trocknen. In diesem Zustand wird das Judasohr gerne als Ersatz für die „Chinesische Morchel", eine verwandte Art, verwendet.

Judasohr

Der Samtfussrübling

(Flammulina velutipes)

Der Hut dieses Pilzes ist blass rotgelb bis orangebraun und im feuchten Zustand deutlich glänzend. Die Lamellen sind vom gleichen Farbton, aber deutlich heller als der Hut. Der Stiel ist nur im obersten Teil wie der Hut gefärbt, sonst aber dunkelbraun bis schwarzbraun und vor allem im unteren Teil auffallend samtig. Der Samtfußrübling wächst auf geschwächten Laubbäumen, vor allem Weiden, die er in wenigen Jahren abtötet. Er ist von Oktober bis März zu finden und hat in dieser Zeit keinen Doppelgänger. Sein Geruch und Geschmack sind unauffällig und mild.

Samtfussrübling

Außerhalb der angegebenen Jahreszeit sollte man vorsichtig sein und den giftigen Grünblättrigen Schwefelkopf (*Hypholoma fasciculare*) beachten. Er ist weniger freudig gefärbt und hat blass gelbgrüne Lamellen, die beim Altern dunkel olivbraun werden. Zudem schmeckt er sehr bitter und riecht erdig.

Grünblättriger Schwefelkopf

Das ebenfalls ähnliche Stockschwämmchen *(Pholiota mutabilis)* besitzt einen Ring am Stiel und ist ein beliebter Speisepilz.

Vom Samtfußrübling werden nur die Hüte verwendet. Der Pilz wächst auch nach kurzen Frostperioden weiter und kann sogar gefroren geerntet und genossen werden. Er lässt sich auch züchten.

KOCHEN

Pilze – Kinder der Götter

Lange Zeit wusste man nicht, wie die Fruchtkörper von Pilzen entstehen. Man schrieb ihr plötzliches Erscheinen den Wunderkräften von Elfen und Gnomen zu, weniger romantisch auch geheimnisvollen Gärungsprozessen des Bodens oder den Schleimabsonderungen von Bäumen. Wegen ihres eindeutigen Aussehens nannte man sie „Phallen der Erde“ und weil sie nicht aus Samen entstanden wie normale Pflanzen „Kinder der Götter“. Die Menschen begegneten den Pilzen sowohl mit Enthusiasmus als auch mit Furcht. Wenn man den römischen Geschichtsschreibern glauben darf, so waren Pilzgerichte hoch geschätzte Köstlichkeiten. Dem römischen Kaiser Claudius wurde diese Passion allerdings zum Verhängnis: Seine Gattin brachte ihn mit einem Abendmahl aus Giftpilzen um.

Die Tatsache, dass bei Pilzen der Schritt von köstlicher Speise zu tödlichem Gift nur ein kleiner ist, war wohl einer der Gründe, warum unsere Vorfahren den Pilzen mit Distanz begegneten. Traditionelle Gerichte mit Pilzen entwickelten sich nie in dem Maß wie solche mit Wildkräutern. Mit Ausnahme der halluzinogenen Pilze, wie etwa der Fliegenpilze, die eine große Rolle bei kultischen Zeremonien spielten, erlangten die Pilze auch nie echte Bedeutung in Volksglauben und Brauchtum.

Gerichte mit Pilzen

Pilze haben typische Aromastoffe, einen vergleichsweise geringen Nährwert und sind schwer verdaulich. Aus diesen Gründen sollten sie eher akzentuierte Geschmacksträger in den Speisen als echte Hauptmahlzeiten sein. Sie sollten also, ähnlich wie Gewürze, ein Gericht aufwerten.

Zu den Rezepten des vorliegenden Buches

Moderne Ernährungskonzepte empfehlen geringeren Fleischkonsum. Die vorliegenden Rezepte berücksichtigen diese Empfehlung in besonderem Maße und legen großen Wert auf eine harmonische Kombination von Pilzen mit frischem Gemüse, Getreide, Hülsenfrüchten, Wildkräutern, hochwertigem Fleisch und Fisch. Anders als in vielen Rezeptbüchern, in denen deftige Suppen, Frittiertes, Innereien, fettes Fleisch und traditionelle Saucen oder auch das Pilzgulasch dominieren, geben hier leichte und gesunde Speisen den Ton an. Fleischlose Speisen überzeugen durch ihre vielfältigen Geschmacksnuancen und ihren gesundheitlichen Wert. Sie sind daher nicht nur für Vegetarier interessant, sondern für jeden, der seinem Körper Gutes tun will. Die Kapitel **Suppen** und **Hauptspeisen** bieten dafür viele Möglichkeiten an. Aber auch in den anderen Kapiteln des Rezeptteils sind bekömmliche Kompositionen großer und kleiner Pilzmengen mit anderen Zutaten enthalten:

Vorspeisen
: Die geschickte Verwendung kleiner Pilzmengen, mit denen der Pilzsammler am häufigsten konfrontiert ist, und damit eine Fülle von feinen Vorspeisen bilden einen Schwerpunkt des Buches.

Füllen und Aufstriche
: Getrocknete Pilze eignen sich hervorragend zur Herstellung von Pilzpulver. Ideal ist die Verwendung von Pilzpulver für feine, leichte Aufstriche oder für verschiedene geschmacklich kräftige Füllen.

Desserts
: Desserts aus Pilzen sind eine weitere Besonderheit dieses Buches. Süßspeisen aus Pilzen sind nicht der übertriebene Versuch, mit Gewalt originell zu sein, sondern eine Reminiszenz an Althergebrachtes. Rezeptbücher um 1900 empfehlen in besonderem Maß die Kombination von Trockenobst und Pilzen. So findet man Reizker mit gedünstetem, getrocknetem Obst, Zimt und Zucker oder süße Champignons mit Zimt in Hafersuppe. Die Kombination mit Obst wurde beibehalten, das Ambiente rund um die Desserts aus Pilzen wurde modernisiert, gesünder und bekömmlicher gestaltet.

Brot und Gebäck
: Pilzpulver ist nicht nur ein ideales Gewürz für Suppen und Saucen, sondern auch für herzhaftes Brot und Gebäck. Selbst hergestellt, ist es eine wahrhaft einzigartige kulinarische Besonderheit – saftig, gschmackig und gut.

Eingelegtes
: Steinpilze, Pfifferlinge oder auch gemischte Röhrlinge und Reizker sind die harmonische Basis für eingelegte Pilze. Zusammen mit verschiedenen Gewürzen ist ihr wichtigster Partner hochwertiges Olivenöl. Eine gesunde und schmackhafte Köstlichkeit, die wenig aufwändig herzustellen ist.

Nährwert und Verdaulichkeit von Pilzen

Der Nährwert von Pilzen ist ähnlich dem von Gemüse. Generell sind sie kalorienarm, sie enthalten relativ viel Wasser, etwa so viel Eiweiß wie Kartoffeln, sehr wenig Fett und mehr als 2 % Kohlenhydrate. Bei den Kohlenhydraten überwiegen die unverdaulichen Ballaststoffe, weil die Fruchtkörper der Pilze hauptsächlich aus Chitin bestehen. Dieses kann von den Verdauungsenzymen des menschlichen Darms nicht abgebaut werden. Dadurch wird einerseits die Darmtätigkeit angeregt, andererseits sind Pilze deshalb schwer verdaulich. Bedingt durch den festen Einschluss in das Chitingerüst der Zellen des Pilzes ist auch das Eiweiß nur zu 70 % verdaulich und von seiner Zusammensetzung her als Nahrungseiweiß für den Menschen eher geringwertig.

Fazit: Mit Pilzen würzt man!

Wie gart man Pilze am besten, wie kann man sie leichter verdaulich machen?

Die ideale Gardauer von Pilzen beträgt 15–20 Minuten. Generell gilt: Je stärker zerkleinert und je länger gegart, desto leichter verdaulich sind Pilze. Als ideale Garart wird vielfach das Schmoren in Fett angegeben, weil Pilze dadurch besonders schmackhaft bleiben. Länger als 20 Minuten sollte man aber auch große Pilzstücke nicht in Fett garen, weil sie dann gummiartig und zäh werden.

Die Rezepte des vorliegenden Buches weisen einen anderen Weg, wie man schmackhafte Gerichte aus Pilzen zaubern kann. Pilze in Fett abzuschmoren, ist zwar manchmal auch hier der Beginn der Entstehungsgeschichte einer kulinarischen Kostbarkeit, aber der Schwerpunkt in unserem Buch sind die Mischgerichte mit Pilzen. Sie zeigen, wie man verschiedene Zutaten und Gararten so kombiniert, dass ein köstliches und gut verdauliches Gericht entsteht.

Gehalt an Vitaminen in Pilzen

Der Gehalt an Vitaminen in Pilzen ist sehr unterschiedlich. Etliche von ihnen sind nennenswerte Quellen für Vitamin D, B 12, B 1 und B 2, Pantothensäure und Provitamin A oder Beta-Carotin.

Das Vorkommen von Vitamin D und Vitamin B 12 ist deshalb bemerkenswert, weil diese beiden Vitamine sonst nur in tierischen Lebensmitteln in nennenswerten Mengen vorkommen. So deckt eine Portion Steinpilze mit 200 g komplett den Tagesbedarf an Vitamin D. Ähnlich reich an Vitamin D ist der Shiitakepilz. Vitamin B 12 hingegen kommt im Kulturchampignon reichlich vor. Reich an Provitamin A oder Beta-Carotin ist der Pfifferling. Viel Pantothensäure enthält ferner der Steinpilz. Diese ist aber nahezu in allen pflanzlichen und tierischen Lebensmitteln enthalten.

Strengen Vegetariern, denen die „tierischen" Vitamine entgehen, ist öfter eine Pilz-Mahlzeit zu empfehlen. Viele Rezepte in diesem Buch sind fleischlos, aber „pilzlich" und daher eine gute Alternative zu reinen Gemüsegerichten.

Gehalt an Mineralstoffen und Spurenelementen in Pilzen

Kalium, Eisen, Zink, Kupfer und Mangan sind die Mineralstoffe und Spurenelemente, die in den Pilzen am reichlichsten vorkommen.

Die Verarbeitung von Pilzen

Wie lange soll man frische Pilze lagern?

Im Allgemeinen werden 12–24 Stunden als maximale Lagerzeit für Pilze angegeben. Die Lagerung soll kühl und trocken erfolgen, das heißt, dass die Pilze nicht „schwitzen" sollen, weil das empfindliche Pilzeiweiß rasch verdirbt. Die Autoren haben jedoch festgestellt, dass es von dieser Regel Ausnahmen gibt. Es hängt von der Pilzart und vom Zustand des Pilzes ab, wie lange man ihn aufbewahren kann:

Totentrompeten

Totentrompeten soll man gut abtrocknen lassen, bevor man sie lagert. Locker in eine nicht zu kleine, mit Haushaltspapier ausgelegte Frischhaltebox geben und verschließen. Die Pilze sind 3–4 Tage im Kühlschrank haltbar.

Junge Pilze

Junge Pilze aller anderen Arten bleiben in der Gemüselade des Kühlschranks bis zu 3 Tage lang frisch. Am besten legt man die Gemüselade mit Haushaltspapier aus und bedeckt die Pilze mit einem Küchentuch. Nicht zu eng schlichten, damit Luft dazu kann. Das Aufbewahren in gut verschließbaren Frischhalteboxen, selbst wenn die Pilze zwischen Haushaltspapier locker darin liegen, führt zu eigenartigen Fehlaromen und ist deshalb nicht zu empfehlen.

Ältere Pilze

Ältere Pilze sollte man sofort verwenden, trocknen oder einfrieren.

Prinzipielles

Generell gilt: lieber weniger Pilze sammeln als zu lange aufheben. Trocknen und Einfrieren sind gute Alternativen.

Soll man Pilze waschen?

Häufig wird in einschlägigen Büchern angegeben, dass man Pilze vor der Zubereitung nicht waschen soll, weil sie während dieses Vorgangs Wasser aufnehmen, was sie bei der Zubereitung wässrig und geschmacklich langweilig werden lässt. Auf der anderen Seite wird das Entfernen von Huthaut, Röhren oder Lamellen vom Pilzhut angeführt, Letzteres meist für ältere Pilzexemplare.

Wir haben die Erfahrung gemacht, dass man manche Pilze nicht ohne gründliches Waschen säubern kann. Dieser Prozess ist zu kurz, als dass die Pilze Wasser aufnehmen könnten. Zwar ist anhaftendes Wasser während des Garprozesses vorhanden, aber unserer Erfahrung nach kein Problem. Durch entsprechendes Reduzieren während des Kochprozesses, der ja mindestens 15 Minuten dauern soll, kann von „Verwässern" des Geschmacks nicht die Rede sein.

Das Entfernen von Huthaut und Lamellen bzw. Röhren des Pilzes kann in ausgewählten Fällen ein Mittel zur Reduktion von Umweltgiften sein (siehe Seite 14), führt aber prinzipiell zum Verlust von Farb- und Aromastoffen. Der tiefere Sinn dieses Vorgangs ist nicht einsichtig, deshalb belassen wir die Huthaut und Lamellen bzw. Röhren an den Pilzen und verwenden entsprechend junge Exemplare der Pilze.

In Bezug auf ältere Exemplare, die ohnehin zumeist von Maden befallen sind, ist es besser, die Pilze zu trocknen, als ihre Lamellen oder Röhren vor dem Kochprozess zu entfernen.

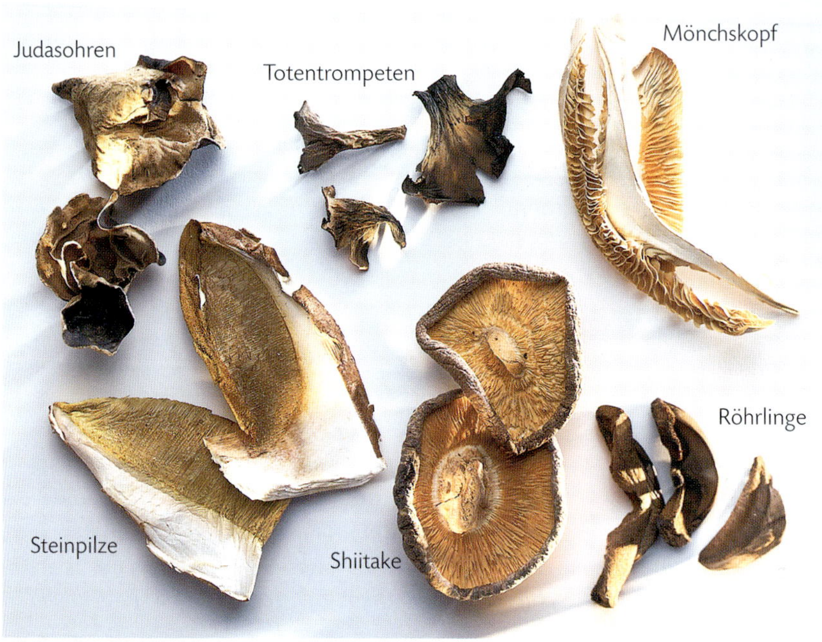

Das Trocknen von Pilzen

Die Möglichkeiten, Pilze zu trocknen, sind vielfältig. Prinzipiell sind nur festfleischige und aromatische Pilzarten dafür geeignet, ganz besonders die Röhrlinge. Für den professionellen Verkauf von getrockneten Pilzen muss das Ausgangsmaterial absolut madenfrei sein. Für den Eigenbedarf ist das unserer Erfahrung nach unerheblich, da die Maden beim Trocknen die Pilze verlassen und somit kein Problem darstellen. Sind die getrockneten Pilze nicht für den Verkauf bestimmt, so ist es, unserer Meinung nach, auch nicht nötig, bei älteren Exemplaren die Lamellen oder Röhrenschicht vor dem Trocknen zu entfernen, weil dies zu Aromaverlusten führt.
Vor dem Trocknen werden die Pilze in etwa 3 mm dicke Scheiben geschnitten und anschließend getrocknet.

Möglichkeiten, Pilze zu trocknen

- lockeres Auflegen der Pilze auf Zeitungspapier oder ein Tuch und Trocknen an einem luftigen Ort unter oftmaligem Wenden
- Auffädeln der Pilze auf einen Faden und Aufhängen an einem gut durchlüfteten Ort
- Trocknen der Pilze im Backrohr bei 40 °C und leicht geöffneter Tür
- Verwendung eines Trockengeräts, im Fachhandel unter der Bezeichnung „Dörrex" erhältlich – dies ist die kürzeste und effektivste Art der Trocknung

Wann sind Pilze trocken und wie bewahrt man sie auf?

Die Pilzscheiben sind trocken, wenn sie hart sind. Ideale Gefäße zum Aufbewahren sind gut verschließbare Schraubgläser oder gut abgedichtete Rex-Gläser, ideale Aufbewahrungsorte zum Beispiel Kästen, wo die Pilze vor Licht geschützt und möglichst kühl gelagert werden können. Ungeeignet sind Papier- und Stoffbeutel, denn das Aroma geht darin verloren und Schädlinge, wie etwa Dörrobstmotten, haben leichtes Spiel.

Pilzpulver

Zur Herstellung von Pilzpulver empfiehlt sich folgendes Vorgehen: Die getrockneten Pilze werden in einem Aufsatz der Küchenmaschine (wird normalerweise zum Reiben von Nüssen etc. verwendet) zerkleinert und in gut verschließbaren Gläsern aufbewahrt. Hat man verschiedene getrocknete Pilze vorrätig, so kann man unterschiedliche reinsortige Pilzpulver herstellen, etwa eines aus Totentrompeten, eines aus Steinpilzen oder eines aus gemischten Röhrlingen. Sie alle unterscheiden sich in Aroma und Farbe.

Pilzpulver ist ideal zum Würzen von selbst gemachtem(n) Pilzbrot und -brötchen. Suppen und Saucen erhalten dadurch einen herrlichen Pilzgeschmack und eine mollige Konsistenz. Man erspart sich jegliches Bindemittel und kann auf Mehlbutter und Co. gänzlich verzichten.

Das Einfrieren von Pilzen

Auch wenn es nicht stimmt, dass roh eingefrorene Pfifferlinge bitter werden (die Autoren haben es selbst probiert), sollte man Pilze ausschließlich (!) in gekochtem Zustand einfrieren. Am besten ist wohl, das fast fertige Gericht einzufrieren. Damit ist gemeint, eventuell verfeinernde Zutaten wie beispielsweise Sahne wegzulassen und erst beim erneuten Erhitzen zuzugeben. Wichtig ist dabei auch, die Pilze im gefrorenen Zustand in den Kochtopf zu geben und nicht etwa vorher aufzutauen.

Auch blanchiert lassen sich Pilze gut einfrieren. Diese Methode hat jedoch den Nachteil, dass ein wesentlicher Teil der Aromastoffe verloren geht. Tiefgekühlte Pilze bzw. Pilzgerichte sind bis zu einem halben Jahr haltbar, dann aber zu verwenden.

Das Aufwärmen von Pilzen

Prinzipiell sollte man Pilze rasch verzehren! Durch ihren hohen Wasser- und Eiweißgehalt sind sie ein idealer Nährboden für Mikroorganismen. Bleibt ein Rest einer Mahlzeit, kann man diesen entgegen weit verbreiteten Meinungen jedoch sehr wohl wieder aufwärmen. Dann sollte man ihn aber aufbrauchen. Wichtig ist, diesen Rest sofort im Kühlschrank zu kühlen. Beim Aufwärmen müssen Temperaturen von über 70 °C erreicht werden. Eine gute Alternative ist es, Reste einzufrieren.

Gekocht oder ungekocht?

Prinzipiell sollte man Speisepilze **nur gekocht** genießen. Vorsichtshalber auch die, von denen immer wieder angegeben wird, dass sie auch für den Rohgenuss geeignet seien, wie etwa Steinpilze, Champignons oder Gallertstachelinge. Erstens sind auch diese nur in ganz geringen Mengen für den Rohgenuss geeignet und zweitens in dieser Form sehr schwer verdaulich. Überdies sind Substanzen, die die roten Blutkörperchen zerstören, auch in Speisepilzen weit verbreitet. Diese Substanzen sind in ihrer vollen Auswirkung auf den menschlichen Körper noch unzureichend erforscht, jedoch durch Erhitzen zerstörbar.

Gibt es Pilze, die auch nach dem Kochen unverträglich sind?

Manche Menschen bekommen sogar nach dem Genuss von gekochten Speisepilzen, wie etwa Steinpilzen oder Pfifferlingen, Leibschmerzen oder Durchfall. Ihnen fehlt ein Enzym im Darm, das einen in Pilzen weit verbreiteten Zucker, die Trehalose, abbaut. Dieser angeborenen Störung kann man nur durch Verzicht auf Pilzgerichte begegnen.

Allergien gegen Pilze?

Auch Allergien gegen das Eiweiß der Pilze kommen – allerdings eher seltener – vor. Sie äußern sich meist in Hautausschlägen und Juckreiz. Das Spektrum der Nahrungsallergien ist breit gefächert, die Speisepilze sind unter anderem mit Erdbeeren in „guter" Gesellschaft.

Farberhaltung der Pilze durch Blanchieren

Ein kurzer Kochprozess, bei dem man die Pilze für etwa 2 Minuten in kochendem Essig- oder Zitronenwasser belässt, dient der Farberhaltung von Pilzen, was vor allem bei Röhrlingen, wie etwa Birkenpilzen, Ziegenlippen und Rotfußröhrlingen, eine Rolle spielt. Details zum Blanchieren von Pilzen entnehmen Sie bitte dem Rezeptteil.

Pilze und Alkohol

Abgesehen davon, dass Pilze, die in Verbindung mit Alkohol unverträglich sind, in diesem Buch nicht empfohlen werden, ist prinzipiell von einem übermäßigen Alkoholkonsum während und nach einer Pilzmahlzeit abzuraten. Nicht nur des sicheren „Katers" wegen, sondern auch, weil im Normalfall harmlose Pilz-Inhaltsstoffe durch den Alkohol besser gelöst und aufgenommen werden und so zu Unverträglichkeiten führen können.

Geniessen

Wenn nicht anders angegeben,
sind alle Rezepte
für 4 Portionen berechnet.

🕐 steht für den Aufwand, der zur Zubereitung des jeweiligen Rezeptes erforderlich ist:

🕐 = leicht zuzubereiten

🕐🕐 = eher aufwändig, erfordert ein Mittelmaß an Geschicklichkeit

🕐🕐🕐 = Rezept für geübte und erfahrene Hobbyköche

Klare Gemüsesuppe (Grundrezept) 🕔

Zutaten für ca. 2 l Suppe

1 kg rohes Gemüse: etwa 2 Stangen Lauch,
1 Karotte, 1 gelbe Rübe, 2 Petersilienwurzeln,
1/4 Sellerieknolle
1 große Zwiebel
2 EL Pflanzenöl
3 l Wasser
2 TL Salz
1/2 TL ganze Muskatblüten
8 Pfefferkörner
2 TL Korianderkörner

Zubereitung: ca. 1–2 Stunden

- Gemüse waschen, putzen und in größere Stücke schneiden
- Zwiebel waschen und Wurzeln entfernen, Zwiebelschalen belassen (dient der Farbgebung)
- Zwiebel halbieren
- Pflanzenöl erhitzen und Zwiebelhälften mit den Schnittflächen nach unten hineinlegen, bräunen und anschließend das restliche Gemüse zugeben und gut durchrösten
- mit Wasser ablöschen, Salz und Gewürze zufügen
- alles zusammen 1 1/2 Stunden oder im Druckkochtopf 45 Minuten lang kochen
- Suppe abseihen und weiterverwenden

Kräftige Hühnersuppe und Rindsuppe (Grundrezept) 🕔

Zutaten für ca. 2 l Suppe

1 frisches Suppengrün: 2 Karotten, 1 gelbe Rübe,
1 Sellerieknolle zu etwa 100 g, 1 Petersilienwurzel,
1 kleiner Lauch
1 mittelgroße Zwiebel
1 kg Hühnerklein
300 g Hühnerleber
300 g Hühnerherzen und Hühnermägen
einige Stängel Petersilie
8 Pfefferkörner
1 TL Korianderkörner
1/2 TL ganze Muskatblüten
2 1/2 l kaltes Wasser
2 TL Salz
2 EL Pflanzenöl

Zubereitung: ca. 1–2 Stunden

- Suppengrün waschen, putzen und in größere Stücke schneiden
- Zwiebel waschen und Wurzeln entfernen, Zwiebelschalen belassen (dient der Farbgebung)
- Zwiebel halbieren
- Pflanzenöl erhitzen und Zwiebelhälften mit den Schnittflächen nach unten hineinlegen, bräunen und anschließend grob zerkleinertes Suppengrün zugeben und gut durchrösten
- Hühnerklein und Hühnerinnereien zugeben und mit kaltem Wasser aufgießen
- Salz und Gewürze zufügen
- alles zusammen 2 Stunden oder im Druckkochtopf 60 Minuten lang kochen
- Suppe abseihen und weiterverwenden

Rindsuppe

Man ersetzt das Hühnerfleisch durch 1 1/2 kg Rindfleisch für die Suppe, ansonsten bereitet man die Suppe zu wie oben beschrieben.

Suppe mit Maipilzen

Zutaten

100 g Zwiebeln
150 g Maipilze (ersatzweise Champignons)
20 g Butter
Salz
weißer Pfeffer
Muskatnuss
1/2 l kräftige Hühnersuppe (siehe Rezept Seite 58)
1/8 l Sahne
2 EL Crème fraîche
1 TL Balsamico-Essig
1 Bund Petersilie

Zubereitung: 20 Minuten

- Zwiebeln klein schneiden, Maipilze putzen und klein schneiden
- Butter erhitzen und Zwiebeln darin anbraten
- Maipilze sowie Salz, weißen Pfeffer und Muskatnuss zufügen, etwa 5 Minuten dünsten
- mit der Hühnersuppe löschen und 10 Minuten kochen
- Sahne und Crème fraîche mischen und zur Suppe geben
- mit Balsamico-Essig abschmecken und fein gehackte Petersilie unterrühren
- mit Petersilie bestreut heiß servieren

Nährwert

pro 100 g: 57 kcal
pro Portion: 143 kcal

Kochen mit Maipilzen

- Der Maipilz ist geschmacklich intensiv „pilzig" und um ein Vielfaches aromatischer als der Champignon. Er ist festfleischig und behält diese Eigenschaft auch nach dem Kochen und Einfrieren.
- Er bleibt beim Garen hell und ist in kleine Stücke geschnitten, blanchiert oder gedünstet hervorragend zum Einfrieren geeignet. Nach dem Auftauen gibt es keine Farb- oder Geschmacksverluste.
- Zum Trocknen ist der Maipilz nicht geeignet.
- Roh hat der Maipilz einen mehligen, leicht anisartigen, süßlichen Geruch und fast penetranten Eigengeschmack, der beim Kochen und Einfrieren verschwindet.
- Kleine Pilze bereitet man im Ganzen zu.
- Wegen seiner Festfleischigkeit ist der Maipilz gut zum Einlegen geeignet. Dafür kann man große und kleine Pilze verwenden.
- Geeignete Zutaten:
- säuerlich schmeckende Zutaten wie Weißwein oder Tomaten
- Gewürze wie Rosmarin, Salbei, Muskatnuss, weißer Pfeffer, Kräuter der Provence
- kräftige Hühner- oder Rindsuppe (siehe Rezept Seite 58)
- In den Rezepten zum Maipilz sind ersatzweise Champignons zu verwenden, die Speisen werden dadurch aber weit weniger schmackhaft. Findet man nur wenige Maipilze, so kann man sie unbesorgt mit Champignons strecken oder zu einer Vorspeise (siehe Rezept Seite 67) verarbeiten.

Suppe mit Samtfussrüblingen oder Stockschwämmchen ⏲

Zutaten

100 g Karotten
50 g Butter
250 g frische Samtfußrüblinge oder
Stockschwämmchen (nur die Hüte)
etwa 3/4 l kräftige Rindsuppe (siehe Rezept Seite 58)
Salz
gehackte Petersilie
etwa 1/10 l Sherry

Zubereitung: ca. 20 Minuten

- Karotten fein reiben
- Butter schmelzen und Karotten darin dünsten
- Pilze grob zerkleinern und zufügen
- mit Rindsuppe aufgießen, salzen und 15 Minuten kochen
- gehackte Petersilie und einen Schuss Sherry zufügen und heiß servieren

Tipp

Es können auch getrocknete Samtfußrüblinge oder Stockschwämmchen verwendet werden. Man zerbricht sie und fügt sie samt der Suppe den gedünsteten Karotten zu, ein Einweichen ist nicht notwendig.

Nährwert

pro 100 g: 70 kcal
pro Portion: 175 kcal

Kochen mit Samtfussrüblingen und Stockschwämmchen

- Von diesen beiden Pilzen werden nur die Hüte verwendet, weil die Stiele zu zäh sind.
- Beide eignen sich am besten für Suppen, daneben auch für Mischgerichte mit Gemüse und anderen Pilzen. Besonders würzigen Geschmack erhalten Samtfußrüblinge und Stockschwämmchen durch das Trocknen. Das Stockschwämmchen eignet sich ebenso gut zum Einlegen und ist in dieser Form auch im guten Fachhandel erhältlich.

Suppe mit Austernpilzen ⏲

Zutaten

250 g Austernpilze
100 g Schalotten
50 g Butter
Salz
weißer Pfeffer
3/4–1 l kräftige Rindsuppe (siehe Rezept Seite 58)
1/16 l Weißwein
1/16 l Sahne
1 EL Crème fraîche
gehackte Petersilie zum Bestreuen

Zubereitung: 30 Minuten

- Pilze putzen und klein schneiden
- Schalotten schälen und ebenfalls klein schneiden
- Butter schmelzen und Schalotten mit Pilzen darin andünsten
- würzen und mit Suppe und Weißwein löschen
- etwa 20 Minuten kochen lassen
- mit Sahne und Crème fraîche verfeinern, eventuell nachsalzen und mit Petersilie bestreut servieren

Schnell und fein – so lautet die Kurzcharakteristik für dieses Süppchen. Mit einem Stück Schwarzbrot kombiniert, ergibt es eine kleine komplette Mahlzeit.

Nährwert

pro 100 g: 83 kcal
pro Portion: 207 kcal

Morchelsuppe ⓘ

Zutaten

12 g getrocknete Morcheln
etwa 1/4 l warmes Wasser zum Einweichen der Pilze
1 l kräftige Hühnersuppe (siehe Rezept Seite 58)
4 EL Madeira
weißer Pfeffer
1/8 l Sahne
einige Petersilienblättchen zum Garnieren

Zubereitung: 20 Minuten

- Morcheln etwa 5 Minuten in warmem Wasser einweichen, danach längs halbieren und samt Einweichwasser in die Hühnersuppe geben
- Madeira und weißen Pfeffer zufügen und alles zusammen 15 Minuten kochen
- Sahne zufügen, nochmals aufkochen und die Suppe mit Petersilienblättchen garniert servieren

Schnell und köstlich!

Nährwert

pro 100 g: 112 kcal
pro Portion: 280 kcal

Kochen mit Morcheln

- Da Morcheln innen hohl sind, können dort speziell bei frischen Pilzen ungebetene Gäste verborgen sein. Man halbiert die Fruchtkörper und spült sie kräftig unter klarem Wasser. Dann lässt man sie übertrocknen und verarbeitet sie weiter.
- Morcheln sollen immer gekocht gegessen werden.
- Geeignete Zutaten:
- süßliches Gemüse wie Karotten, aber auch Trockenobst wie Aprikosen oder Pflaumen
- Süßwein oder Dessertwein, aber auch Rot- oder kräftigerer Weißwein
- Morcheln eignen sich hervorragend zum Trocknen und erhalten dadurch ein intensiveres Aroma. Man hebt sie in gut verschließbaren Gläsern auf.
- In den Rezepten sind Morcheln durch nichts zu ersetzen, zum Glück werden sie aber als Marktpilze angeboten und in Frankreich sogar kultiviert.

Kartoffelcremesuppe mit getrockneten Steinpilzen ⓘ

Zutaten

250 g mehlige Kartoffeln (geschält gewogen)
1/2 l kräftige Hühner- oder Rindsuppe (siehe Rezept Seite 58)
2 gehäufte EL Steinpilzpulver (= etwa 20 g)
Salz
weißer Pfeffer
1/8 l Sahne
einige Blättchen Petersilie zum Garnieren

Zubereitung: 30 Minuten

- Kartoffeln schälen und in kleine Stücke schneiden
- in der Suppe weich kochen und anschließend pürieren
- das Steinpilzpulver zugeben und 5 Minuten durchkochen
- mit Salz und weißem Pfeffer abschmecken
- Sahne zufügen und nochmals aufkochen
- mit Petersilienblättchen garniert rasch und heiß servieren, sonst könnte sich eine Haut bilden

Ein molliges Süppchen, das den Gaumen streichelt und das überdies schnell zubereitet ist.

Nährwert

pro 100 g: 93 kcal
pro Portion: 211 kcal

Steinpilze

Diese Pilze enthalten viel Vitamin D, das sonst nur in tierischen Lebensmitteln in nennenswerter Menge vorkommt. 200 g Steinpilze decken den Tagesbedarf an diesem Vitamin.
Überdies ist der Steinpilz reich an Pantothensäure, eine Portion von 100 g deckt den Tagesbedarf.

Suppe mit Parasolen und Reizkern

Zutaten

300 g Parasole, nur die Hüte (ersatzweise Champignons)
100 g Reizker
20 g Karotte
100 g Zwiebeln
1 Bund Petersilie
30 g Butter
1 EL Olivenöl
1/2 l kräftige Hühnersuppe (siehe Rezept Seite 58)
Salz

Zubereitung: 25 Minuten

- Pilze säubern und klein schneiden, Karotte schälen und fein reiben, Zwiebel schälen und klein schneiden
- Petersilie hacken
- Butter und Olivenöl erhitzen und Zwiebel, Pilze und geriebene Karotte darin andünsten
- Hühnersuppe zufügen, salzen und alles zusammen 15 Minuten kochen
- gehackte Petersilie zufügen
- eventuell noch mit Salz abschmecken und heiß servieren

Diese elegante Suppe ist die ultimative Antwort auf in Ei und Bröseln gewendete Parasole und die leichtere sowie schmackhaftere Alternative. Der Geschmack ist zwar kräftig, aber feiner als der einer Champignonsuppe, obwohl Champignons eine gute Alternative zu den Parasolen sind.

In diesem Rezept wurde bewusst auf das Beifügen von Sahne und Sauerrahm verzichtet, um es leicht und farbenprächtig zu gestalten. Das Orangerot von Reizkern ist eine wahre Freude für das Auge, und der Geschmack der Pilze harmoniert perfekt mit den Karotten.

Nährwert

pro 100 g: 42 kcal
pro Portion: 105 kcal

Tipps

- Die Stiele der Parasole sind zäh, deshalb ist es besser, nur die Hüte zu verwenden.
- Werden für dieses Rezept ersatzweise Champignons verwendet, so nimmt man von diesen Hut und Stiel.
- Sind keine Reizker aufzutreiben, gibt man am Schluss blanchierte Karottenwürfel zur Suppe und erhitzt diese kurz mit.
- Wer es viel üppiger, allerdings auch kalorienreicher möchte, fügt am Ende der Kochzeit 1/16 l Sahne, vermischt mit 1/16 l Sauerrahm, zu und erhitzt nochmals kurz.

Kochen mit Parasolen und Tintlingen

- Für beide Pilze gilt, dass sie gedünstet am besten schmecken. Der Tintling muss jung und noch geschlossen sein, beim Parasol sind auch aufgeschirmte Hüte noch sehr gut zu verwenden, die Stiele hingegen sind dann schon vielfach zäh und ungeeignet.
- Sowohl zu Parasolen als auch zu Tintlingen passt eine leichte italienische Art der Zubereitung ausgezeichnet. Damit ist die Zugabe von Tomaten und Gewürzen wie Rosmarin, Zitronen-Thymian, Basilikum und Knoblauch gemeint.
- Am besten genießt man beide Pilze frisch und bereitet auch nur solche Mengen zu, die man aufessen kann. Bleibt doch ein Rest, friert man am besten das fertige Gericht ein.
- Ersatzweise kann man statt Parasolen und Tintlingen für die Zubereitung der Rezepte in diesem Buch auch Shiitake- oder Austernpilze verwenden.

Chinesische Suppe mit Judasohren

Ⓘ

Zutaten

20 g frischer Ingwer
50 g Karotte
100 g Lauch
Salzwasser zum Blanchieren des Gemüses
3/4–1 l kräftige Hühnersuppe (siehe Rezept Seite 58), entfettet
1 Hand voll getrocknete Judasohren
1 Prise Salz

Zubereitung: ca. 30 Minuten

- Ingwer und Karotte schälen und in feine Streifen schneiden
- Lauch putzen und ebenfalls in feine Streifen schneiden
- Gemüse nacheinander in Salzwasser bissfest kochen
- Hühnersuppe erhitzen und Judasohren darin 10 Minuten kochen
- gekochtes Gemüse in Suppenschalen verteilen und Suppe mit Judasohren darübergeben, heiß servieren

Variante

Man schneidet den Ingwer nicht in feine Streifen, sondern reibt ihn fein und kocht ihn zusammen mit den Judasohren 10 Minuten in der Hühnersuppe. Dies ergibt eine aromatischere Suppe.

Diese delikate Suppe verfügt über eine feine Schärfe und ist durch die fettarme Zubereitung sehr verträglich. Sie ist an kalten Wintertagen nicht nur wärmend, sondern regt auch Appetit und Verdauung an.

Nährwert

pro 100 g: 72 kcal
pro Portion: 170 kcal

Kochen mit dem Judasohr

- Das Judasohr ist eine geschmacksneutrale und hauptsächlich optisch ansprechende Zutat für Suppen- und Gemüsegerichte, in denen es sich sehr gut mit Karotten, Lauch und Ingwer oder mit Hühnerstreifen und Erbsen verträgt.
- Das Judasohr eignet sich zwar für die Frischverarbeitung, gewinnt aber an Qualität und Aroma durch das Trocknen. Die getrockneten Pilze weicht man nur kurz in Wasser oder Suppe ein, dann sind sie rasch wieder so gallertig, wie sie sein sollen. Das Einfrieren ist lediglich für Mischgerichte oder Suppen mit Judasohren empfehlenswert.
- Ein guter Ersatz sind die getrockneten Judasohren im Handel, die man aus Fernost importiert, wo sie in größerem Ausmaß gezüchtet werden. Spezialgeschäfte für asiatische Lebensmittel bieten Judasohren unter der Bezeichnung „Mu-erh" oder „Mu-Leh", aber auch als „Chinesische Morchel" an.
- Dem Judasohr wird übrigens eine dem Herzinfarkt vorbeugende Wirkung zugeschrieben.

Brätlinge natur (vegetarisch) 🕐

Zutaten
250 g Brätlinge
ca. 30 g Butter
Salz
4 Scheiben Toastbrot
einige Petersilienblättchen zum Garnieren

Zubereitung: ca. 15 Minuten

- Brätlinge gut säubern und in Scheiben schneiden
- Butter schmelzen, Brätlinge darin braten, vorsichtig salzen und etwa 15 Minuten garen
- auf Toastbrot mit etwas gehackter Petersilie bestreut servieren

Weinempfehlung: kräftiger Weißwein oder Rosé

Die Brätlinge haben so viel Eigengeschmack, dass diese einfache Zubereitungsart den Charakter des Pilzes am besten erhält. Eine auserlesene Köstlichkeit, die man mit Andacht genießen sollte.

Nährwert
pro 100 g und pro Portion: 135 kcal
pro Portion mit Toastbrot: 247 kcal

Kochen mit Brätlingen

- Dieser heute leider recht selten gewordene Pilz ist eine kulinarische Kostbarkeit von kräftigem typischem Eigengeschmack, der am ehesten an Topinambur erinnert. Der Brätling ist durch nichts in den Rezepten zu ersetzen.
- Der Pilz enthält viel Milchsaft, der beim Zubereiten austritt und sehr schmackhaft ist.
- Dünsten und sparsames Würzen erhalten den Eigengeschmack des Pilzes am besten.
- Findet man einen Brätling, so ist das ein Grund zum Feiern. Am besten in Form einer exklusiven Vorspeise, wie in den Rezepten angegeben, die mit den geringen Mengenangaben die Seltenheit des Pilzes berücksichtigen.

Brätlinge mit Schalotten und Oregano (vegetarisch) 🕐

Zutaten
ca. 15 g Schalotten
30 g Butter
250 g Brätlinge
Salz
Oregano
4 Scheiben Toastbrot

Zubereitung: ca. 15 Minuten

- Schalotten kurz in warmes Wasser einweichen, damit sie sich besser schälen lassen, danach schälen und in Ringe schneiden
- Butter schmelzen und Schalotten darin anbraten
- Brätlinge gut säubern, in Scheiben schneiden und zu den Schalotten geben
- salzen, Oregano zufügen und etwa 15 Minuten dünsten
- auf Toastbrot anrichten und servieren

Weinempfehlung: mittelschwerer Rotwein

So zubereitet schmecken die Brätlinge wie geröstete Leber – ein vegetarischer Leckerbissen für alle, die sonst keine Leber essen.

Nährwert
pro 100 g und pro Portion: 135 kcal
pro Portion mit Toastbrot: 247 kcal

Maipilze alla italiana
(eine Vorspeise für kleine Pilzmengen, vegetarisch) ⏲

Zutaten

250 g junge Maipilze (ersatzweise Champignons)
1 Knoblauchzehe
2 Tomaten
2 EL Olivenöl
20 g Butter
Salz
1 1/2 TL Oregano
4 Scheiben Toastbrot
Rucola und Cocktail-Tomaten zum Garnieren

Zubereitung: ca. 20 Minuten

- Maipilze putzen, aber ganz lassen, Knoblauch schälen und pressen, Tomaten waschen und achteln
- Olivenöl und Butter in einer Pfanne erhitzen
- Pilze und gepressten Knoblauch zugeben und kurz anbraten
- Tomaten zufügen, Salz und Oregano zugeben
- unter ständigem Rühren bei milder Hitze 15 Minuten dünsten
- Toastbrot toasten und jede Scheibe diagonal in 2 Dreiecke schneiden, diese auf vorgewärmten Tellern so platzieren, dass sich die beiden Dreiecke nur an jeweils einer Spitze berühren
- in den so entstandenen Zwischenraum das Pilzragout füllen
- mit Rucola und Cocktail-Tomaten garniert servieren

Weinempfehlung:
Rotwein wie etwa ein Chianti classico

Eine leichte Vorspeise mit dem Flair von Bella Italia.

Nährwert

pro 100 g: 125 kcal
pro Portion: ca. 176 kcal

Baguette mit Maipilzen
(vegetarisch) ⏲

Zutaten

1 Baguette (250 g)
ca. 30 g Butter (zum Bestreichen des Baguettes)
2 kleine Tomaten
3 Knoblauchzehen
300 g Maipilze (ersatzweise Champignons)
2 EL Olivenöl
Salz
1 TL Kräuter der Provence
100 g Provolone oder Parmesan, grob gerieben

Zubereitung: 20 Minuten

- Backrohr auf 200 °C vorheizen
- Baguette halbieren und der Länge nach durchschneiden, so dass 4 Stücke entstehen
- Baguettestücke leicht mit Butter bestreichen und auf ein mit Backtrennpapier ausgelegtes Backblech legen, beiseite stellen
- Tomaten blanchieren, häuten und achteln, Knoblauchzehen schälen, Maipilze putzen und klein schneiden
- Olivenöl in einer Pfanne erhitzen und Maipilze, gepressten Knoblauch, Tomaten, Salz und Kräuter der Provence zufügen
- unter häufigem Umrühren ca. 10 Minuten dünsten, bis die Flüssigkeit weitgehend verdampft ist
- Baguette mit der Maipilz-Masse bestreichen und reichlich mit grob geriebenem Käse bestreuen
- im Backrohr bei 200 °C Heißluft etwa 7 Minuten überbacken

Weinempfehlung: leichter Rotwein

Eine schmackhafte, italienisch angehauchte Vorspeise, die auch als leichtes Nachtmahl köstlich ist.

Nährwert

pro 100 g: 181 kcal
pro Portion: 395 kcal

Pastete mit Wildchampignons

Ⓛ Ⓛ

Zutaten

Für den Pastetenteig:

125 g Mehl glatt (Typ W 700)
1 Prise Salz
125 g Margarine oder Butter
125 g Quark, 20 % F.i.T.
1 Ei zum Bestreichen

Für die Fülle:

750 g Hühnerhackfleisch
1/8 l + 1/16 l Sahne
Salz
schwarzer Pfeffer
1 EL Rosa Beeren
1 Bund gehackte Petersilie
200 g Wildchampignons (ersatzweise Kulturchampignons, weiß- oder braunhütig)
50 g Lauch
50 g Jungzwiebel
30 g Butter

Fett für die Form

Zubereitung: ca. 2 Stunden

Pastetenteig:

- Backrohr auf 220 °C vorheizen
- Mehl und Salz in eine Schüssel geben
- die kalte Margarine oder Butter in Stücke schneiden und gut mit dem Mehl vermischen
- Quark zufügen und alles zusammen rasch zu einem geschmeidigen Teig kneten
- im Kühlschrank 1/2 Stunde ruhen lassen, in dieser Zeit die Fülle zubereiten:

Fülle:

- Hühnerhackfleisch mit 1/8 l Sahne, Salz und schwarzem Pfeffer fein pürieren
- Rosa Beeren und gehackte Petersilie darunter-mischen, beiseite stellen
- Pilze, Lauch und Jungzwiebel putzen und klein schneiden
- Butter schmelzen, Pilze, Lauch und Jungzwiebel darin dünsten, mit Salz und schwarzem Pfeffer würzen und mit 1/16 l Sahne einkochen lassen
- überkühlt unter die Hühnerfarce mischen

- 4 kleine Soufflé-Formen (1/8 l Fassungsvermögen, 12 cm Durchmesser) mit Fett ausstreichen
- Teig etwa 5 mm dick ausrollen und Formen damit auslegen
- so viel Fülle hineingeben, dass der obere Rand der Formen fast erreicht ist
- restlichen Teig in Streifen schneiden und als Gitter über die Pasteten legen
- mit verquirltem Ei bestreichen und bei 220 °C Heißluft 5 Minuten anbacken, dann bei 180 °C 20 Minuten fertig backen
- noch lauwarm servieren

Weinempfehlung: Champagner, Sekt oder kräftiger Weißwein, der trocken bis halbtrocken sein kann

Diese feine Pastete besticht durch ihre Hühnerfarce, die besonders gut mit den Champignons und den Rosa Beeren harmoniert.

Nährwert
pro 100 g: 242 kcal
pro Portion: 605 kcal

Kulturchampignon

Der Kulturchampignon enthält hohe Mengen an Vitamin B 12, das sonst nur in tierischen Lebensmitteln in größeren Mengen enthalten ist.

Parasole alla italiana ⏲

Zutaten

300 g Parasole, nur die Hüte
3 Zweige Basilikum
8 Zweige Zitronen-Thymian
2 Knoblauchzehen
100 g Cocktail-Tomaten
1 EL Olivenöl
30 g Butter
Salz
1 TL getrockneter Oregano
eventuell ca. 1/8 l kräftige Hühnersuppe (siehe Rezept Seite 58)

Zubereitung: ca. 25 Minuten

- Parasole putzen und grob zerkleinern, junge Pilze nur längs halbieren
- Basilikum und Zitronen-Thymian von den Stielen rebeln und hacken
- Knoblauchzehen schälen und pressen
- Cocktail-Tomaten blanchieren, häuten und längs halbieren
- Olivenöl und Butter erhitzen, Pilze mit Kräutern und Gewürzen darin andünsten
- etwa 10 Minuten unter häufigem Umrühren garen und falls nötig etwas Hühnersuppe zugeben
- zuletzt die Tomaten zugeben und noch etwa 5 Minuten dünsten

Beilagenempfehlung: Weißbrot

Weinempfehlung: kräftiger Rotwein wie etwa Chianti

Die ultimative Art, Parasole elegant und leicht bekömmlich zu servieren, ist diese italienische Variante.

Nährwert

pro 100 g: 87 kcal
pro Portion: 130 kcal

Grünspargel mit Maipilz-Ragout (vegetarisch) ⏲

Zutaten für 4 Portionen als Vorspeise oder 2 Portionen als Hauptspeise

250 g Maipilze (ersatzweise Champignons)
30 g Butter
2 EL Olivenöl
2 mittelgroße Tomaten
Salz
500 g Grünspargel
Salzwasser
1/8 l klare Gemüsesuppe (siehe Rezept Seite 58)

Zubereitung: 30 Minuten

- Maipilze putzen und klein schneiden
- Butter und Olivenöl erhitzen und Maipilze darin andünsten, mit Gemüsesuppe löschen
- Tomaten achteln und zufügen, salzen und ca. 15 Minuten kochen, bis der Saft eingekocht ist
- in der Zwischenzeit Salzwasser erhitzen und den Grünspargel darin bissfest kochen
- Spargel abseihen, auf vorgewärmten Tellern verteilen und mit dem Maipilz-Ragout umkränzt servieren

Beilagenempfehlung: Weißbrot, Petersilienkartoffeln (siehe Rezept Seite 130) und bissfest gekochte Jungkarotten

Weinempfehlung: Sekt, Frizzante, Champagner oder ein Weißwein, etwa ein Rheinriesling

Eine elegante, leichte und gesunde Vorspeise, die durch die Kombination mit Petersilienkartoffeln und Jungkarotten zum ausgewogenen Hauptgericht wird.

Nährwert

pro 100 g: 90 kcal
pro Portion als Vorspeise: 246 kcal
pro Portion als Hauptspeise: 325 kcal

Grünspargel

Ein positiver Nebeneffekt von Grünspargel ist dessen reinigende, weil harntreibende Wirkung.

Kräuter-Profiterol mit Pfifferlingen ⏲⏲

Zutaten

Für den Teig (für 10 Profiterol):

1/4 l Wasser
Salz
60 g Margarine oder Butter
125 g Mehl (glatt)
1 TL Rosmarin gemahlen
1 TL Salbei gemahlen
1 TL Basilikum gemahlen
2 mittelgroße Eier

Für die Fülle (für 4 Profiterol):

125 g Pfifferlinge
20 g Butter
Salz
1/16 l Weißwein
1/16 l kräftige Hühnersuppe (siehe Rezept Seite 58)
1 EL gehackte Petersilie

4 Cocktail-Tomaten und einige Salatblätter zum Garnieren

Zubereitung: 1 Stunde

Teig:

- Wasser salzen und Margarine oder Butter dazugeben, zum Kochen bringen
- Mehl mit den Gewürzen vermischen
- wenn das Wasser kocht, Mehl mit einem Schwung hineinleeren, Topf von der Herdstelle nehmen und die Zutaten rasch zu einem Kloß rühren
- in eine Schüssel geben und auskühlen lassen
- dann die beiden Eier mittels Handmixer unterrühren und die Masse in einen Spritzsack mit gezackter Tülle füllen
- Backrohr auf 180 °C vorheizen
- Backblech mit Backtrennpapier auslegen
- mittels Spritzsack Krapfen von etwa 4 cm Durchmesser auf das Blech dressieren (ergibt etwa 10 Stück), im vorgeheizten Backrohr bei 180 °C 25 Minuten goldbraun backen
- wenn sie ausgekühlt sind, 4 Profiterol quer durchschneiden (was am besten mit einer Schere gelingt) und mit der Pfifferlingmasse füllen
- auf Blattsalat mit Cocktail-Tomaten garniert servieren

Fülle:

- Pfifferlinge gut säubern und klein schneiden
- Butter schmelzen und Pfifferlinge darin dünsten, vorsichtig salzen (eher sparsam als zu viel)
- mit Weißwein und Hühnersuppe aufgießen und so lange dünsten, bis die Flüssigkeit fast gänzlich reduziert ist
- eventuell nachsalzen, Petersilie zufügen

Weinempfehlung: kräftiger Weißwein oder mittelschwerer Rotwein

Tipp

Die restlichen Profiterol friert man ein und verwendet sie bei Bedarf. Sie lassen sich mit anderen Pilzfüllen (Rezepte siehe Seiten 88, 89) herrlich abwandeln und stellen eine elegante Art dar, auch kleine Pilzmengen kulinarisch zu veredeln.

Nährwert

pro 100 g Profiterol: 189 kcal
pro 100 g Fülle: 88 kcal
pro Portion: ca. 260 kcal

Kochen mit Pfifferlingen und Trompetenpfifferlingen

- Entgegen weit verbreiteten Meinungen werden roh eingefrorene Pfifferlinge nicht bitter, was die Autoren selbst ausprobiert haben! Trotzdem sollte man Pfifferlinge – wie alle anderen Pilze auch – nicht roh, sondern blanchiert einfrieren. Noch besser ist es, das fertige Gericht einzufrieren, da blanchierte Pfifferlinge viel von ihrem typischen Aroma verlieren.
- Pfifferlinge sind zum Trocknen nicht zu empfehlen, weil sie zäh werden. Trotzdem bekommt man sie im Fachhandel zu kaufen. Sie haben zwar einen intensiven Geschmack, sind aber wegen ihrer Zähigkeit nur für Pilzpulver geeignet.
- Trompetenpfifferlinge lassen sich ohne Qualitätseinbußen trocknen und behalten danach ihr intensives, typisches Aroma.

Pastete mit Parasolen
(vegetarisch) ⌚⌚

Zutaten

für den Pastetenteig:

125 g Mehl glatt (Typ W 700)
1 Prise Salz
125 g Margarine oder Butter
125 g Quark, 20 % F.i.T.
1 Ei zum Bestreichen

für die Fülle:

100 g Hirse
1/8 l Wasser
1/8 l Milch
1 Prise Salz
250 g frische Parasole (ersatzweise Steinpilze)
100 g Karotte
100 g Schalotten oder Zwiebel
60 g Butter
2 EL Sahne
150 g Tofu
1 Bund gehackte Petersilie

Fett für die Form

Zubereitung: ca. 2 Stunden

Pastetenteig:

- Backrohr auf 220 °C vorheizen
- Mehl und Salz in eine Schüssel geben
- die kalte Margarine oder Butter in Stücke schneiden und gut mit dem Mehl verkneten
- Quark zufügen und alles zusammen rasch zu einem geschmeidigen Teig verarbeiten
- 1/2 Stunde im Kühlschrank ruhen lassen

Fülle:

- Hirse waschen und in einem Gemisch aus Wasser und Milch mit etwas Salz weich kochen, danach im geschlossenen Topf nachquellen und schließlich auskühlen lassen
- Pilze putzen und zerkleinern, Karotte schälen und fein reiben, Schalotte oder Zwiebel schälen und klein schneiden
- Butter schmelzen und Zwiebel darin dünsten
- Pilze, Karotte und Sahne zufügen und dünsten, bis die Flüssigkeit weitgehend reduziert ist, danach überkühlen lassen
- Tofu zerkleinern und fest mit der Hirsemasse verkneten
- Pilz-Gemüse-Mischung und gehackte Petersilie ebenfalls unterkneten

- 4 kleine Soufflé-Formen (1/8 l Fassungsvermögen, 12 cm Durchmesser) mit Fett ausstreichen
- Teig etwa 5 mm dick ausrollen und Formen damit auslegen
- so viel Fülle hineingeben, dass der obere Rand der Formen fast erreicht ist
- restlichen Teig in Streifen schneiden und als Gitter über die Pasteten legen
- mit verquirltem Ei bestreichen und bei 220 °C Heißluft 5 Minuten anbacken, dann bei 180 °C 30 Minuten fertig backen
- noch lauwarm servieren

Weinempfehlung: Rotwein, etwa ein Blaufränkischer

Diese Pastete beweist, dass es nicht immer Fleisch sein muss! Die gesunde Fülle mit Hirse und Gemüse liefert wichtige Ballaststoffe, Vitamine, Mineralstoffe und Spurenelemente. Der Tofu (siehe auch Seite 93) macht sie leicht bekömmlich und arm an Cholesterin.

Nährwert

pro 100 g: 162 kcal
pro Portion: 405 kcal

Spaghetti mit Maipilzen
(vegetarisch) ⏲

Zutaten für 4 Portionen als Vorspeise oder 2 Portionen als Hauptspeise

250 g Spaghetti
Salzwasser
etwas Öl
1 kleine Zwiebel
200 g Maipilze (ersatzweise Champignons)
6 frische Salbeiblätter
1 EL Olivenöl
20 g Butter
1 KL Salbeipulver
Salz
Muskatnuss
1/16 l Mineralwasser
1/16 l Weißwein
1/8 l Sahne
einige frische Salbeiblätter zum Garnieren

Zubereitung: 25 Minuten

- für die Spaghetti reichlich Salzwasser mit einem Schuss Öl aufsetzen
- die Zubereitung des Pilzsugo dauert etwa 15 Minuten, die Kochzeit für die Spaghetti 8–10 Minuten; man beginnt also mit der Zubereitung des Pilzsugo, während daneben die Spaghetti kochen:
- Zwiebel klein schneiden, Maipilze putzen und ebenfalls klein schneiden
- Salbeiblätter waschen, trocken tupfen und klein schneiden
- Olivenöl und Butter erhitzen und klein geschnittene Zwiebel darin anbraten
- Salbeiblätter und klein geschnittene Maipilze zufügen, würzen, etwa 2 Minuten bei trockener Hitze unter Rühren braten und dann mit Mineralwasser und Weißwein löschen
- etwa 10 Minuten köcheln, bis der Saft großteils eingezogen ist
- Sahne zufügen und cremig kochen
- Pilzsugo über die bissfest gegarten Spaghetti geben und mit frischen Salbeiblättern garniert auf vorgewärmten Tellern servieren

Weinempfehlung: leichter bis mittelschwerer Rotwein

Dieses Gericht ist eine wahre Gaumenfreude, aber selten sind echte Gaumenkitzler auch zum Abnehmen bestimmt. Daher heißt es nach einer angemessenen Verdauungspause ein wenig sporteln.

Nährwert

pro 100 g: 192 kcal
pro Portion als Vorspeise: 230 kcal (125 g)
pro Portion als Hauptspeise: 410 kcal (215 g)

Papardelle mit gemischten Röhrlingen in Safransauce

(VEGETARISCH) ⓘ

Zutaten für 4 Portionen als Vorspeise oder 2 Portionen als Hauptspeise

250 g Papardelle (oder Bandnudeln)
Salzwasser
Öl
150 g gemischte Röhrlinge (z. B. Körnchenröhrling, Espenrotkappe, Goldröhrling, Hohlfußröhrling, Ziegenlippe), ersatzweise Steinpilze
50 g Schalotten
1 EL Olivenöl
30 g Butter
Salz
eventuell etwas Mineralwasser
gut 1/8 l Sahne
10 Safranfäden
etwas Gemüsesuppe zum Auflösen des Safrans (siehe Rezept Seite 58)
eventuell einige Blättchen Petersilie zum Garnieren

Zubereitung: ca. 30 Minuten

- reichlich Salzwasser mit einem Schuss Öl zum Kochen bringen und Papardelle oder Bandnudeln darin bissfest kochen
- in der Zwischenzeit das Pilzsugo zubereiten:
- Pilze putzen und klein schneiden
- Schalotten kurz in heißes Wasser tauchen, damit sie sich besser schälen lassen, schälen und in Ringe schneiden
- Olivenöl und Butter in einer Pfanne erhitzen und die Schalotten darin rösten
- Pilze zugeben, salzen und unter häufigem Umrühren 10 Minuten garen (meist lassen die Pilze genügend Flüssigkeit, sollte das Ganze jedoch zu trocken werden, etwas Mineralwasser zufügen)
- Safran in etwas Suppe auflösen und zur Sahne geben
- Sahne mit aufgelöstem Safran dem Pilzsugo zufügen und nochmals 5 Minuten kochen, bis ein sämiger Saft entsteht
- Sugo über die Papardelle oder Bandnudeln geben, eventuell mit einigen Petersilienblättchen garnieren und auf vorgewärmten Tellern heiß servieren

Weinempfehlung: kräftiger Weißwein wie etwa Chardonnay oder leichter Rotwein

Dieses farbenprächtige Gericht ist ein Kompliment an eines meiner Lieblingsgewürze, den Safran.

Tipp

Wenn für dieses Sugo verschiedene Röhrlinge verwendet werden, so behalten diese ihre natürliche Farbe, wenn man sie kurz in kochendem Zitronen-Wasser blanchiert (1/2 l Wasser mit dem Saft 1/2 Zitrone). Abseihen, abtropfen lassen und dann wie im Rezept beschrieben weiterverarbeiten.

Nährwert

pro 100 g: 165 kcal
pro Portion als Vorspeise: ca. 273 kcal
pro Portion als Hauptspeise: ca. 564 kcal

Kochen mit Röhrlingen

- Mit Ausnahme der Steinpilze bräunen die Röhrlinge wie etwa Birkenpilze und Hohlfußröhrlinge beim Kochen sehr stark. Dies kann man durch kurzes Blanchieren in Essig oder Zitronen-Wasser verhindern.
- Die Schmierröhrlinge ergeben beim Kochen, ähnlich wie das Kuhmaul, einen goldbraunen Saft und eignen sich besonders für Risotto, Spaghetti-Sugo, Saucen und Ragouts.
- Zum Trocknen sind alle Röhrlinge bestens geeignet, überdies auch zum Einfrieren. Hiefür werden sie entweder blanchiert oder als fertiges Gericht tiefgekühlt.
- Die verschiedenen Röhrlinge sind in den Rezepten am ehesten durch Steinpilze zu ersetzen, obwohl diese weniger intensiv im Geschmack sind als die meisten anderen Röhrlinge.

Kräuter-Biskuit mit Steinpilz-Sahne-Fülle ⏲⏲

Zutaten für 4–6 Portionen

für das Kräuter-Biskuit:

40 g Cremespinat
1/2 Bund fein gehackte Petersilie
3 Eiklar
1/2 TL Salz
3 Eidotter
40 g Mehl griffig (Typ W 480)

für die Fülle:

100 g Tofu
1 gehäufter EL Steinpilzpulver (etwa 10 g)
1/8 l Sahne
Salz
weißer Pfeffer

zum Garnieren:

100 g Räucherlachs
2 Limonen
einige Blättchen Dille

Zubereitung: ca. 1 Stunde

Kräuter-Biskuit:

- Backrohr auf 180 °C vorheizen
- Cremespinat (in der Mikrowelle etwa 4 Minuten) auftauen
- Eiklar mit Salz zu einem steifen Schnee schlagen
- Eidotter, aufgetauten Spinat und Petersilie abwechselnd mit einer Schneerute unterziehen
- Mehl darübersieben und ebenfalls unterziehen
- die Masse auf ein mit Backtrennpapier ausgelegtes Backblech fingerdick aufstreichen, im vorgeheizten Backrohr bei 180 °C Heißluft 8–10 Minuten backen (das Biskuit soll einen Fingerdruck leicht erwidern, aber nicht gebräunt sein, da es sonst zu trocken ist und beim Einrollen bricht)
- Biskuitplatte noch heiß auf ein bemehltes Küchentuch stürzen und samt diesem noch heiß straff einrollen, auskühlen lassen
- in der Zwischenzeit die Fülle zubereiten:

Fülle:

- Tofu in kleine Stücke brechen und mit Steinpilzpulver, 2 EL Sahne, Salz und weißem Pfeffer cremig pürieren (die Masse sollte eher fest als zu weich sein)
- restliche Sahne steif schlagen und Tofu-Masse unterrühren

- Biskuit vorsichtig aufrollen und mit der Fülle bestreichen
- einrollen und 10 Minuten kalt stellen
- in gefällige Stücke schneiden und mit Räucherlachs, Dillblättchen und Limonenstücken garnieren

Weinempfehlung: Sekt, Prosecco, Champagner oder Weißwein wie etwa ein Rheinriesling

Diese delikate Vorspeise, die ausgesprochen hübsch aussieht, ist nicht nur sehr gut vorzubereiten, wenn Gäste kommen, sondern auch von den Kalorien her als eher leicht einzustufen. Wer es üppiger möchte, kann für die Fülle auch nur Sahne verwenden (in diesem Fall allerdings 1/4 l), wobei geschmacklich kein Unterschied zur Tofufülle besteht. Ich persönlich bevorzuge die leichtere Variante mit Tofu (siehe auch Seite 93), der noch dazu den Vorteil hat, sehr gesund zu sein.

Nährwert

pro 100 g bzw. pro Portion:
Variante „light“: 173 kcal
Variante mit Sahne pur: 204 kcal

Shrimps mit Pfifferlingen an Blattsalat ⏲

Zutaten
1 Limone
5 Triebe Zitronen-Thymian
100 g Shrimps
100 g Pfifferlinge
50 g Butter (insgesamt)
Salz
weißer Pfeffer
4 EL Sahne

Für die Marinade:
1 TL Salz
1 TL Zucker
1/2 TL Senf
1 EL Balsamico-Essig
3 EL Olivenöl

100 g Blattsalat
4 Triebe Zitronen-Thymian und Rosa Beeren zum Garnieren

Zubereitung: 30 Minuten

- Limone pressen, Zitronen-Thymian abpflücken und hacken
- Shrimps in Limonensaft und Zitronen-Thymian marinieren
- Pfifferlinge putzen und längs halbieren oder vierteln (je nach Größe)
- die Hälfte der angegebenen Buttermenge schmelzen, Pfifferlinge darin dünsten, Salz und weißen Pfeffer zufügen, 5 Minuten dünsten, anschließend die Sahne zufügen und etwa 10 Minuten lang sanft kochen, bis die Sahne cremig bzw. fast ganz eingezogen ist
- die restliche Butter schmelzen und die marinierten Shrimps darin braten, salzen, warm stellen
- Marinaden-Zutaten vermischen, über die Salatblätter verteilen, Shrimps und Pfifferlinge gefällig darauf anrichten
- mit Rosa Beeren und Zitronen-Thymian garniert servieren

Beilagenempfehlung: Weißbrot

Weinempfehlung: Sekt oder Prosecco

Eine elegante und schnelle Vorspeise für alle, die gerne Meeresfrüchte mögen.

Nährwert
pro 100 g und Portion: 232 kcal

Pfifferlinge

Pfifferlinge enthalten mit 1,3 mg/100 g Provitamin A oder Beta-Carotin reichlich von diesem Vitamin und leisten somit einen guten Beitrag zur Versorgung damit. Der empfohlene Tagesbedarf an Provitamin A oder Beta-Carotin beträgt 2–3 mg.

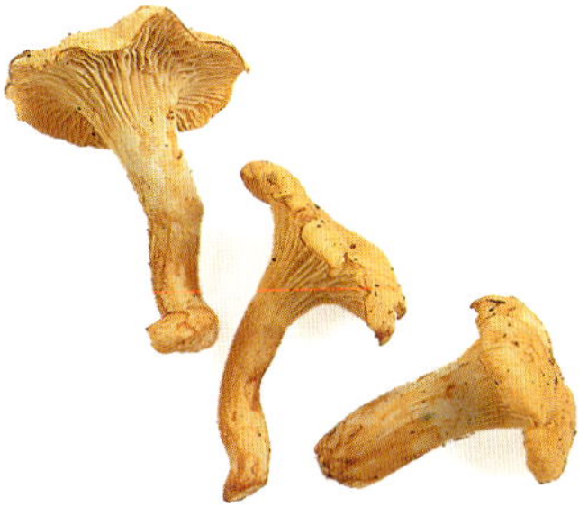

Sommergemüse mit Täublingen (vegetarisch) ①

Zutaten

300 g Täublinge (ersatzweise Champignons)
250 g Lauch
2 Knoblauchzehen
300 g Zucchini
1 roter Gemüsepaprika
30 g Butter
1 EL Olivenöl
Salz
weißer Pfeffer
evtl. ca. 1/16 l klare Gemüsesuppe (siehe Rezept Seite 58) oder Mineralwasser
1/2 Bund Basilikum
4 Scheiben Toast- oder Weißbrot

Zubereitung: 30 Minuten

- Pilze putzen und blättrig schneiden, Lauch putzen und in Ringe schneiden
- Knoblauch schälen und pressen
- Zucchini grob schälen, Gemüsepaprika putzen, beides in Würfel schneiden
- Butter und Olivenöl in einer Pfanne erhitzen
- Lauch und Knoblauch zugeben und kurz anbraten
- Zucchini und Gemüsepaprika zugeben und kurz dünsten
- dann die blättrig geschnittenen Pilze zufügen, salzen und pfeffern und alles zusammen unter häufigem Umrühren 15 Minuten dünsten
- gegen Ende der Garzeit eventuell noch etwas Flüssigkeit (Suppe oder Mineralwasser) zufügen
- Basilikum hacken und dazugeben
- das Gemüse mit Toast- oder Weißbrot servieren

Weinempfehlung: leichter Rotwein oder spritziger Rosé

Eine köstliche, leichte, sommerliche Vorspeise, die reich an Ballaststoffen, Vitaminen und anregenden Gewürzen ist. Sie reicht auch für ein kleines Abendessen oder eignet sich als schmackhafte und elegante Beilage zu gegrilltem Fisch oder Pute.

Nährwert

pro 100 g: 70 kcal
pro Portion: 206 kcal

Kochen mit Täublingen

- Zu den Täublingen gehören einige exzellente Speisepilze wie der Frauentäubling und der Fleischrote Speisetäubling. Wichtig ist, dass man nur junge, noch deutlich violette Exemplare des Frauentäublings erntet. Selbiges gilt auch für den Fleischroten Speisetäubling und die anderen essbaren Täublinge.
- Täublinge haben einen süßlichen Geschmack, der den Gerichten einen unverwechselbaren Charakter gibt. Sie sind aus diesem Grund in den Rezepten durch keine anderen Pilze ersetzbar. Zusätzlich verleihen speziell die roten und violettfarbenen Täublinge den Speisen interessante, rötliche Farbnuancen und sind eine ästhetische Bereicherung des Speisezettels.
- Geeignete Zutaten:
- Gewürze wie Koriander und Basilikum
- Süß- oder Dessertwein wie etwa Madeira, Malaga, Marsala, Beeren- oder Trockenbeerenauslese, süßer Tokajer.
- Zum Trocknen sind Täublinge nicht geeignet.
- Eine gute Methode der Haltbarmachung ist das Einfrieren blanchierter Täublinge, wobei man allerdings Aromaverluste und bei rothütigen Täublingen auch eklatante Farbverluste in Kauf nehmen muss. Besser noch ist es, ein bereits fertiges Gericht einzufrieren.
- Das Blanchieren von Täublingen:
- 250 g Täublinge
- 1 l Wasser
- 1/2 Teelöffel Salz
- Täublinge in kochendem Wasser 5 Minuten blanchieren, abseihen, kalt abspülen, gut abtropfen lassen und einfrieren.

Garnelen mit Trompetenpfifferlingen an Blattsalat mit Lachskaviar ⏲

Zutaten

10 Blätter frisches Basilikum
1 Limone
12 Stück Garnelen (etwa 170 g)
100 g Trompetenpfifferlinge (ersatzweise Pfifferlinge)
50 g Schalotten
60 g Butter (insgesamt)
Salz
weißer Pfeffer
1 Spritzer Balsamico-Essig
1 EL Sahne
Salz
100 g Blattsalat

Für die Marinade:

1 TL Salz
1 TL Zucker
1/2 TL Senf
1 EL Balsamico-Essig
3 EL Olivenöl
50 g Lachskaviar
4 Scheiben Weiß- oder Toastbrot

Zubereitung: ca. 30 Minuten

- Basilikum waschen, trocken tupfen und hacken, Limone auspressen
- Garnelen mit Limonensaft und Basilikum marinieren
- Trompetenpfifferlinge putzen, aber ganz lassen
- Schalotten schälen und in Ringe schneiden, in der Hälfte der angegebenen Buttermenge braten
- Trompetenpfifferlinge zufügen, mit Salz (sparsam salzen!), weißem Pfeffer und Balsamico-Essig würzen, 10 Minuten dünsten, bis die Flüssigkeit weitgehend reduziert ist
- Sahne zufügen und nochmals 5 Minuten kochen
- marinierte Garnelen in der restlichen Butter braten, salzen und warm stellen
- Salatblätter marinieren und auf vorgewärmten Tellern anrichten
- Garnelen, Trompetenpfifferlinge und Lachskaviar gefällig darauf verteilen und mit getoastetem Weiß- oder Toastbrot servieren

Weinempfehlung: Sekt, Champagner oder Weißwein wie etwa ein Rheinriesling

Trompetenpfifferlinge sind von feinerem und eleganterem Geschmack als Pfifferlinge. Sie harmonieren perfekt mit den Garnelen – mit dieser Vorspeise wird jedes Menü zum Festessen!

Nährwert

pro 100 g: 183 kcal
pro Portion: 305 kcal

Sülzchen mit Trompetenpfifferling, Gallertstacheling und Röhrlingen (vegetarisch) ⓛ ⓛ

Zutaten für ca. 12 Portionen

50 g Karotte
50 g Zwiebel (Rotzwiebel und Jungzwiebel gemischt)
100 g Lauch
1 l klare Gemüsesuppe (siehe Rezept Seite 58)
Wasser
etwa 1/16 l Weißwein-Essig
Salz
400 g gemischte Wildpilze, bestehend aus
1/3 Rotfußröhrlingen, 1/3 Gallertstachelingen,
1/3 Trompetenpfifferlingen
5 Fäden Safran
12 Blatt Gelatine
Öl für die Form
5–6 gleich große Blättchen Petersilie zum Garnieren
Oliven- oder Kernöl zum Garnieren

Zubereitung: 2 Stunden

- Gemüse putzen, Karotte kleinwürfelig schneiden, Zwiebel und Lauch in kleine Ringe schneiden
- 1/4 l Suppe mit 1/4 l Wasser, 2 EL Essig und Salz mischen, das Gemüse darin separat bissfest kochen
- mit einem Seihschöpfer herausnehmen, kalt abspülen und zur späteren Verwendung beiseite stellen
- Trompetenpfifferlinge putzen, klein schneiden und in 1/4 l Gemüsesuppe 10 Minuten blanchieren, mit dem Schöpfer herausnehmen und beiseite stellen
- von diesem Blanchiervorgang bleibt etwa 1/8 l Gemüsesuppe übrig, darin die Safranfäden auflösen (hierfür zerreibt man sie zuerst gut zwischen den Fingern und gibt sie dann zur Suppe, unter mehrmaligem Umrühren auflösen)
- Gallertstachelinge und Rotfußröhrlinge putzen und in Salz-Essig-Wasser blanchieren, damit sie ihre Farbe behalten, hierfür 1/2 l Wasser und 1/2 TL Salz mit 3 EL Weißwein-Essig erhitzen und die klein geschnittenen Pilze dazugeben, etwa 10 Minuten kochen
- 12 Blatt Gelatine in reichlich kaltem Wasser einweichen, gut ausdrücken
- 1/2 l Gemüsesuppe mit 2 EL Weißwein-Essig und etwas Salz erhitzen und gut ausgedrückte Gelatine darin auflösen, aber nicht kochen
- aufgelösten Safran dazugeben
- eine Rehrückenform (3/4 l Fassungsvermögen) mit Öl auspinseln und mit Klarsichtfolie auslegen, den Boden mit 5–6 Petersilienblättchen auslegen
- vorsichtig einen kleinen Schöpfer Gelatine-Masse darübergeben und falls die Petersilienblättchen verrutschen, diese wieder einrichten
- im Kühlschrank erstarren lassen
- abgetropftes gekochtes Gemüse und Pilze in einer Schüssel mischen, diese Gemüse-Pilz-Mischung über erstarrte Gelatine verteilen und mit der Gelatine-Masse auffüllen
- im Kühlschrank 1 Stunde lang erstarren lassen
- Sülzchen auf eine Platte stürzen, Klarsichtfolie abziehen
- portionieren und zusammen mit ein wenig Oliven- oder Kernöl servieren

Beilagenempfehlung: Weißbrot

Weinempfehlung: mittelschwerer Rotwein

Diese elegante Vorspeise ist zwar arbeitsaufwändig, aber gut vorzubereiten. Sie sieht toll aus und ist ein optisch fulminanter, aber kalorienarmer Auftakt jedes Festmahls.

Nährwert

pro 100 g: 10 kcal
pro Portion ohne Oliven- oder Kernöl: 20 kcal

Kochen mit dem Gallertstacheling

- Der Gallertstacheling behält seine weiße Farbe durch zweiminütiges Blanchieren in 1 l Salzwasser, dem 1 EL Zitronensaft oder Essig zugegeben wurde.
- Er eignet sich zum Mischen mit Röhrlingen, besonders für ein Sülzchen oder als Salatpilz.
- Ein möglicher Ersatz für den Gallertstacheling ist von der Konsistenz her das im Handel erhältliche Judasohr, allerdings ist dieses von dunkler Farbe.

Dunkler Aufstrich mit gemischten Röhrlingen (vegetarisch) ①

Zutaten für 6 Portionen

150 g Tofu
2 EL Sahne
1/2 TL Salz
2 gehäufte EL Pilzpulver aus gemischten Röhrlingen (etwa 20 g)
1 1/2 TL Oregano
weißer Pfeffer
Weiß- oder Schwarzbrot
Schnittlauchröllchen zum Garnieren

Zubereitung: 10 Minuten

- Tofu in Stücke teilen und mit Sahne, Salz, Pilzpulver und Gewürzen zu einer cremigen Masse mixen
- auf Weiß- oder Schwarzbrot streichen und mit Schnittlauchröllchen garniert servieren

Weinempfehlung: ein sehr pilziger und kräftiger Aufstrich, zu dem ein kräftiger Rotwein wie etwa ein Blaufränkischer sehr gut passt

Nährwert

pro 100 g Aufstrich: 173 kcal
pro Portion Aufstrich mit Brot: 174 kcal

Steinpilz-Creme (vegetarisch) ①

Zutaten

100 g Tofu
1 gehäufter EL Steinpilzpulver (etwa 10 g)
1/8 l Sahne
Salz
weißer Pfeffer
Weiß- oder Toastbrot
einige Petersilienblättchen zum Garnieren

Zubereitung: 10 Minuten

- Tofu in kleine Stücke brechen und mit Steinpilzpulver, 2 EL Sahne, Salz und weißem Pfeffer cremig pürieren (die Masse soll eher fest als zu weich sein)
- restliche Sahne steif schlagen und Tofu-Masse unterrühren
- auf Weiß- oder Toastbrot streichen und mit Petersilienblättchen garniert servieren

Dieser Aufstrich ist sanft pilzig und köstlich cremig. Er eignet sich auch hervorragend als Fülle für ein Kräuter-Biskuit (Rezept siehe Seite 79). Wer lieber üppiger isst, kann auf den Tofu verzichten und ausschließlich Sahne (dann allerdings 1/4 l) verwenden. Die Zubereitung ist gleich, und auch diese Pilz-Creme eignet sich als Fülle für das Kräuter-Biskuit.

Nährwert

Variante „light“:
pro 100 g: 229 kcal
pro Portion auf Weißbrot: 181 kcal
Variante mit Sahne pur:
pro 100 g: 350 kcal
pro Portion auf Weißbrot: 226 kcal

Fülle mit Steinpilzen oder gemischten Röhrlingen für Kräuter-Profiterol ⏲

Zutaten für 4 Kräuter-Profiterol
(Rezept siehe Seite 72)

125 g frische Steinpilze oder gemischte Röhrlinge (wie Rotkappe, Rotfußröhrling, Goldröhrling, Ziegenlippe, Hainbuchen-Raufuß)
30 g Butter
weißer Pfeffer
Salz
1 EL Cognac
1/8 l kräftige Rindsuppe (siehe Rezept Seite 58)
2 EL Sahne
1 EL Crème fraîche
1 EL gehackte Petersilie
Blattsalat

Zubereitung: ca. 15 Minuten

- Pilze gut säubern und klein schneiden
- Butter schmelzen, Pilze darin dünsten, weißen Pfeffer zufügen und vorsichtig salzen
- mit Cognac und Suppe aufgießen und so lange dünsten, bis die Flüssigkeit fast gänzlich reduziert ist
- Sahne und Crème fraîche mischen und zufügen, cremig einkochen und eventuell nachwürzen
- fein gehackte Petersilie zufügen
- in die halbierten Profiterol füllen und auf Blattsalat servieren

Weinempfehlung: Rotwein wie etwa Zweigelt

Eine exquisite Vorspeise und eine elegante Möglichkeit, kleine Pilzmengen zu verarbeiten, denn nicht immer sind die Jagdgründe reich an Pilzen.

Nährwert

pro 100 g Steinpilz-Fülle: 157 kcal
pro Portion Profiterol mit Steinpilz-Fülle: 234 kcal

Heller Aufstrich mit Steinpilzen (vegetarisch) ⏲

Zutaten

10 g frische Petersilie
50 g Tofu
100 g Mascarino
60 g Gervais
3 EL Sahne
einige Spritzer Balsamico-Essig
Salz
weißer Pfeffer
1 EL Steinpilzpulver (etwa 10 g)
Weiß- oder Grahambrot oder Brötchen
einige Petersilienblätter zum Garnieren

Zubereitung: 10 Minuten

- Petersilie fein hacken
- Tofu in kleinere Stücke brechen und mit Mascarino, Gervais, Sahne, Balsamico-Essig, Salz, Pfeffer, dem Steinpilzpulver und der gehackten Petersilie zu einem cremigen Aufstrich mixen
- auf Weiß- oder Grahambrot bzw. Brötchen aufstreichen und mit gehackter Petersilie bestreut servieren

Weinempfehlung: Sekt

Ein schneller und extravaganter Imbiss, wenn überraschend Gäste kommen!

Nährwert

pro 100 g: 304 kcal
pro Portion auf Weißbrot: 204 kcal

Fülle mit Täublingen für Kräuter-Profiterol ⏲

Zutaten für 4 Kräuter-Profiterol
(Rezept siehe Seite 72)

150 g gemischte Täublinge (entspricht etwa 6 mittelgroßen frischen Pilzen)
30 g Butter
Salz
2 TL Koriander frisch gemahlen
4 cl Madeira
1/8 l kräftige Hühnersuppe (siehe Rezept Seite 58)
3 EL Sahne
Blattsalat
Cocktail-Tomaten zum Garnieren

Zubereitung: 20 Minuten

- Täublinge in etwa 1 cm große Stücke schneiden
- Butter schmelzen, Täublinge darin dünsten
- Salz und frisch gemahlenen Koriander zufügen, mit Madeira und Suppe löschen
- etwa 15 Minuten köcheln lassen, bis der Saft beinahe vollständig reduziert ist
- Sahne zufügen und sämig einkochen, eventuell nachsalzen
- in die halbierten Profiterol füllen, auf Blattsalat mit Cocktail-Tomaten garniert anrichten

Weinempfehlung: kräftiger Weißwein wie etwa ein Chardonnay

In dieser exquisiten Fülle harmonieren Koriander und Madeira perfekt mit dem leicht süßlichen Geschmack der Täublinge.

Tipp

Gut vorzubereiten und eine ideale Vorspeise, wenn Gäste kommen.

Nährwert

pro 100 g Täubling-Fülle: 147 kcal
pro Portion Profiterol mit Täubling-Fülle: 226 kcal

Roter Aufstrich mit getrockneten Trompetenpfifferlingen (vegetarisch) ⏲

Zutaten

1/8 l Wasser
1/2 TL Salz
100 g rote Linsen
100 g geriebene Karotte
12 g getrocknete Trompetenpfifferlinge (ergibt 1 EL Pulver)
1 gehäufter TL Paprikapulver, edelsüß
50 g Tofu
4 EL Olivenöl
1/16 l klare Gemüsesuppe (siehe Rezept Seite 58)
Weißbrot
einige Petersilienblättchen zum Garnieren

Zubereitung: 15 Minuten

- Wasser und Salz erhitzen und die gewaschenen roten Linsen samt der geriebenen Karotte zufügen
- weich kochen, bis das Wasser fast vollständig verdampft ist, und dann zugedeckt etwa 5 Minuten ziehen lassen: die Linsen-Karotten-Masse soll weich, aber nicht wässrig sein
- Linsen-Karotten-Masse, zu Pulver gemahlene Trompetenpfifferlinge, Paprikapulver und in Stücke geteilten Tofu mit Olivenöl und Suppe zu einem cremigen Aufstrich mixen
- Weißbrot damit bestreichen und mit Petersilie garniert und mit Paprikapulver bestreut servieren

Ein köstliches, leichtes und gesundes Amuse-Gueule!

Nährwert

pro 100 g Aufstrich: 151 kcal
pro Portion Aufstrich mit Weißbrot: 164 kcal

Shiitake-Auflauf an Viktoria-Barsch in Safran-Sauce mit Granatapfelkernen ⏲⏲

Zutaten

Für den Auflauf:

50 g Weißbrotbrösel
50 g Vollkornbrösel
1 EL Pilzpulver (Steinpilze) (ca. 10 g)
2 EL Stärkemehl (z. B. Maisstärke wie Maizena)
100 g frische Shiitakepilze
1 mittelgroße Schalotte
30 g Butter
Salz
1 EL gehackte Petersilie
3 Eidotter
1/4 l Milch
Muskatnuss
3 Eiklar
Butter oder Margarine für die Formen

Für den Fisch:

4 Filets (ca. 750 g) eines festfleischigen Fisches wie Viktoria-Barsch, Goldbarsch oder Scholle
Salz
weißer Pfeffer
Mehl glatt (Typ W 700)
Gemisch aus Öl und Butterfett zum Ausbacken

Für die Sauce:

50 g Schalotten
ca. 10 Safranfäden
1/8 l kräftige Hühnersuppe (siehe Rezept Seite 58)
30 g Butter
1/8 l Weißwein
Salz
1/8 l Sahne

Zum Garnieren:

2 EL voll Granatapfelkerne
2 EL Madeira

Zubereitung: ca. 1 1/2 Stunden

Auflauf:

- Backrohr auf 180 °C Heißluft vorheizen
- Brösel mit Pilzpulver und 1 EL Stärkemehl mischen
- Pilze waschen und klein schneiden
- Schalotte kurz in heißem Wasser einweichen, schälen und fein schneiden
- Butter aufschäumen und Schalotten darin ein wenig Farbe nehmen lassen
- Pilze und Salz zufügen und 5 Minuten dünsten
- vom Herd nehmen und gehackte Petersilie untermengen, überkühlen lassen
- Eidotter mit Milch mittels Schneebesen mischen, salzen und Muskatnuss zufügen
- mit Pilzpulver und Stärkemehl vermischte Brösel zugeben, gedünstete Pilze ebenfalls zugeben
- Eiklar mit etwas Salz und 1 EL Stärkemehl steif schlagen und vorsichtig unter die Pilzmasse ziehen
- Auflauf in 4 kleine mit Fett ausgestrichene Formen (1/8 l Fassungsvermögen) füllen, im vorgeheizten Backrohr im Wasserbad bei 180 °C Heißluft 25 Minuten garen
- vorsichtig aus den Formen lösen, stürzen und mit dem Fisch und der Sauce servieren

Fisch:

- Fischfilets salzen, pfeffern und beiderseits bemehlen
- in reichlich Fett scharf anbraten, fertig garen und warm stellen

Sauce:

- Schalotten schälen und klein schneiden
- Safran grob zerkleinern und in etwas Suppe auflösen
- Butter aufschäumen und Schalotten darin glasig dünsten
- mit Weißwein und Suppe löschen
- Safran zufügen, salzen, aufkochen lassen, mit Sahne binden, cremig kochen und Fischfilets zum Durchziehen hineinlegen

- Granatapfelkerne kurz in Madeira erhitzen
- Fischfilets mit Sauce bedeckt und Granatapfelkernen bestreut mit dem Shiitake-Auflauf servieren

Weinempfehlung: kräftiger Weißwein wie etwa Chardonnay oder Rosé

Nährwert

pro 100 g: 120 kcal
pro Portion: ca. 600 kcal

Sommerfisch mit Shiitakepilzen und Austernpilzen ⓘ

Zutaten für 4 Portionen als Vorspeise oder
2 Portionen als Hauptspeise

450 g festfleischiger Fisch (etwa ein Viktoria-Barsch)
100 g gehackte Jungzwiebeln
3 EL fein gehackte Petersilie
1 Zitrone (unbehandelt), geriebene Schale
Saft von 1 Limone
Salz
1 Prise weißer Pfeffer
2 EL Mehl glatt (Typ W 700)
ca. 1/2 l Pflanzenöl zum Braten des Fisches
2 EL Olivenöl
1/8 l Weißwein
3 EL Sahne
100 g Shiitakepilze
100 g Austernpilze
25 g Butter
1/8 l kräftige Hühnersuppe (siehe Rezept Seite 58)
gehackte Petersilie zum Bestreuen

Zubereitung: ca. 1 1/2 Stunden,
davon 1 Stunde zum Marinieren des Fisches

- Fisch mit gehackten Jungzwiebeln, Petersilie und geriebener Zitronenschale fest einreiben, mit Limonensaft beträufeln und mit Klarsichtfolie bedeckt 1 Stunde ziehen lassen
- anschließend mit Salz und weißem Pfeffer einreiben und beidseitig bemehlen, dabei Zwiebel und Petersilie gut andrücken
- reichlich Pflanzenöl erhitzen und den Fisch darin gar braten, vorsichtig herausheben und auf einer Platte warm stellen
- Bratfett weggießen und den Bratenrückstand lösen, indem zuerst das Olivenöl und dann der Weißwein in die Pfanne gegeben wird, etwas verkochen lassen, anschließend die Sahne zufügen und sämig einkochen
- Fisch wieder in die Pfanne geben und zugedeckt kurz in der Sauce erhitzen lassen
- Pilze getrennt zubereiten, dafür Shiitakepilze und Austernpilze putzen und blättrig schneiden
- Butter schmelzen und die Pilze darin dünsten, Salz und Hühnersuppe zufügen und ca. 10 Minuten kochen, bis der Saft reduziert ist
- Fisch auf vorgewärmten Tellern portionieren, mit Sauce begießen und mit Pilzen umkränzen, mit gehackter Petersilie bestreut servieren

Beilagenempfehlung: Weißbrot

Weinempfehlung: sehr kräftiger Weißwein wie etwa Neuburger

Ein vollmundiges, kräftiges und von den Kalorien her eher leichtes Fischgericht, in dem die Pilze sehr gut mit dem Fisch harmonieren.

Nährwert

pro 100 g: 107 kcal
pro Portion als Hauptspeise ohne Beilagen: 267 kcal
pro Portion mit Weißbrot: 380 kcal:

Hackfleisch-Braten mit Anisegerling, Steinpilzen und Pfifferlingen ①

Zutaten

1 Schweinsnetz
1 Brötchen
250 g Cocktail-Tomaten
400 g gemischte Wildpilze: Anisegerlinge (100 g), Steinpilze (100 g) und Pfifferlinge (200 g) oder gemischte Marktpilze: Champignons (100 g), Steinpilze (100 g) und Pfifferlinge (200 g)
4 Knoblauchzehen
2 EL Olivenöl
Salz
1 mittelgroße Zwiebel (100 g)
250 g Tofu
1 Ei
500 g gemischtes Hackfleisch
schwarzer Pfeffer
1 TL gemahlener Rosmarin
2 EL Brösel
etwas Olivenöl für die Bratpfanne
1/2 l Rind- oder Gemüsesuppe (siehe Rezepte Seite 58) zum Aufgießen

Zubereitung: ca. 2 Stunden

- Backrohr auf 180 °C Heißluft vorheizen
- Schweinsnetz in lauwarmem Wasser einweichen, ausdrücken und auf einem sauberen Küchentuch ausbreiten
- Brötchen in lauwarmem Wasser einweichen und anschließend gut ausdrücken
- Cocktail-Tomaten mit einem scharfen Messer klein schneiden, Pilze putzen und klein schneiden, Knoblauch schälen und pressen
- Olivenöl in einer Pfanne erhitzen und Tomaten, Knoblauch und Pilze darin mit etwas Salz anrösten, so lange dünsten, bis die Flüssigkeit weitgehend reduziert ist
- Zwiebel schälen und grob zerkleinern, mit dem ausgedrückten Brötchen, dem grob zerbrochenen Tofu und dem Ei pürieren
- Hackfleisch salzen, pfeffern und Rosmarin zufügen
- gedünstete Pilze und Tofu-Gemisch zugeben, gut vermischen und mit den Bröseln zu einer gut formbaren Masse verarbeiten
- die Masse auf das Schweinsnetz geben, zu einem Braten formen und in das Netz einwickeln
- Bratform mit Fett ausstreichen und Braten hineinsetzen
- im vorgeheizten Backrohr bei 180 °C Heißluft unter häufigem Begießen mit Suppe bzw. Bratensaft 1 Stunde goldbraun braten
- portionieren und mit Saft übergossen servieren

Beilagenempfehlung: Blattsalat und Petersilienkartoffeln (siehe Rezept Seite 130)

Weinempfehlung: kräftiger Rotwein wie etwa Pinot noir

Ein herzhaftes Gericht, in dem die Beigabe von Tofu hilft, Kalorien und Cholesterin zu sparen.

Nährwert

pro 100 g Braten: 109 kcal
pro Portion ohne Beilagen: 218 kcal
pro Portion mit Petersilienkartoffeln: 388 kcal

Tofu

Die Verwendung von Tofu ergibt kalorien- und cholesterinärmere Speisen ohne Geschmackseinbußen. Regelmäßiger Verzehr von Tofu oder anderen Sojaprodukten führt dem Körper bestimmte Substanzen (Isoflavone, auch „Phytoöstrogene") zu, die ihn vor Herz-Kreislauf-Erkrankungen, Krebs und Knochenschwund (Osteoporose) schützen. Frauen in oder kurz vor dem Wechsel können damit diverse Beschwerden positiv beeinflussen.

Hühner-Ragout mit Täublingen

Zutaten für 4 Portionen als Hauptgericht (wenn Vor- und Nachspeise gereicht werden)

3 Frühlingszwiebeln
350 g Hühnerfilet
Salz
Pfeffer
ca. 1 EL Mehl glatt
ca. 3 Täublinge (Größe ist maßgeblich) oder 100–150 g (etwa Frauentäubling, Speisetäubling, Wieseltäubling gemischt)
1 EL Olivenöl
20 g Butter
1/8 l Weißwein
1/4 l kräftige Hühnersuppe (siehe Rezept Seite 58)
2 EL Sahne

Zubereitung: 30 Minuten

- Frühlingszwiebeln in Ringe schneiden
- Hühnerfilet in ca. 1 cm breite und 3 cm lange Streifchen schneiden, salzen, pfeffern und in Mehl wenden
- Täublinge gründlich säubern, Hut und Stiel verwenden, feinblättrig schneiden
- Olivenöl und Butter erhitzen, Hühnerstreifen mit Frühlingszwiebelringen darin Farbe nehmen lassen
- blättrig geschnittene Täublinge zufügen, kurz durchrösten und mit Weißwein und Suppe löschen, gut 10 Minuten zugedeckt köcheln lassen
- Deckel entfernen und ca. 5 Minuten lang den Saft reduzieren lassen
- kurz vor dem Servieren mit der Sahne binden

Beilagenempfehlung: Grüne Nudeln an Kräutertomaten (siehe Rezept Seite 128)

Weinempfehlung: kräftiger Weißwein, Sekt oder mittelschwerer Rotwein

Tipp

Wenn Sie diesem Gericht 20 g getrocknete Steinpilze, grob zerbrochen, zusammen mit den Täublingen zufügen, ergibt das einen pilzigeren Geschmack.

Nährwert

pro 100 g Ragout: 78 kcal
pro Portion ohne Beilagen: 210 kcal
pro Portion mit empfohlenen Beilagen: ca. 440 kcal

Rindsfilet mit Edelreizkern

(clock symbol)

Zutaten
4 Rindsfilets
Salz
Pfeffer
6 EL Pflanzenöl
50 g Butter
4 EL Cognac
1/4 l kräftige Rindsuppe (siehe Rezept Seite 58)
250 g Edelreizker
50 g Butter
etwas Rindsuppe nach Bedarf
1/8 l Sahne

Zubereitung: ca. 30 Minuten

- Rindsfilets leicht mit dem Messerrücken platt drücken, beidseitig salzen und pfeffern und in heißem Pflanzenöl beidseitig rasch anbraten
- aus der Pfanne nehmen, überschüssiges Öl weggeben und Butter im Bratenrückstand aufschäumen
- Filets dazugeben, mit Cognac ablöschen und flambieren, mit Rindsuppe aufgießen und Saft eindicken lassen
- Edelreizker putzen, kurz waschen, blättrig und nicht zu klein schneiden
- Butter in einer Pfanne zerlassen, Edelreizker dazugeben, kurz rösten und leicht salzen
- ca. 15 Minuten dünsten, bei Bedarf Rindsuppe zugeben, danach Sahne zufügen und ein wenig einkochen lassen
- Filets mit Cognac-Saft auf vorgewärmten Tellern anrichten und die Edelreizker auf dem Fleisch verteilen

Beilagenempfehlung: Petersilienkartoffeln (siehe Rezept Seite 130)

Weinempfehlung: am besten ein im Barrique ausgebauter kräftiger Rotwein

Edel, schnell zubereitet und farbenprächtig – das sind die Attribute dieses Gerichtes, das nicht unbedingt kalorienarm, aber ausgesprochen schmackhaft ist.

Nährwert
pro 100 g: 188 kcal
pro Portion ohne Beilagen: 564 kcal
pro Portion mit Petersilienkartoffeln: ca. 730 kcal

Kochen mit Reizkern

- Beim Garen der Reizker tritt ihr orangeroter Saft aus und verleiht den Gerichten eine interessante Farbe. Auch ihr Geschmack ist sehr charakteristisch, sie sind in den Rezepten durch keine anderen Pilze ersetzbar.
- Reizker sind ideal für Spaghetti-Sugo, als Begleiter von kräftigem Fleisch wie Rindfleisch und Wild, aber auch für Suppen, in denen sie mit farbschwachen Pilzen, wie etwa dem Parasol oder auch den Champignons, gut harmonieren.
- Geeignete Zutaten:
- Gewürze: Knoblauch, Muskatnuss, allerdings sparsam, weil sonst der Eigengeschmack der Pilze zerstört wird.
- Petersilie, Sahne, kräftige Hühnersuppe, sparsam Weißwein.
- Reizker lassen sich zerkleinert und blanchiert gut einfrieren, müssen jedoch nach dem Auftauen sofort verwendet werden. Besser noch ist es, das fertige Gericht einzufrieren.
- Zum Trocknen sind Reizker wegen ihres Milchsaftes völlig ungeeignet.

Gemüsereis mit Kuhmaul
(VEGETARISCH) ⏲

Zutaten
300 g Duftreis
400 g Kuhmaul (ersatzweise braunhütige Champignons)
100 g Jungzwiebel
50 g Karotte
50 g roter Paprika
1 kleiner grüner Pfefferoni
2 EL Erbsen (Tiefkühlware)
1 EL Olivenöl
30 g Butter
Salz
1/8 l klare Gemüsesuppe (siehe Rezept Seite 58)
1 Bund gehackte Petersilie

Zubereitung: 30 Minuten
- Reis in reichlich Salzwasser bissfest kochen, abseihen, ausdämpfen lassen
- Pilze putzen und klein schneiden
- Gemüse putzen und klein schneiden
- Olivenöl und Butter erhitzen, Jungzwiebel darin anschwitzen
- Pilze und Karotte zufügen, Gemüsesuppe ebenfalls zufügen, salzen und ca. 10 Minuten dünsten
- Paprika, Pfefferoni und Erbsen zufügen und nochmals 5 Minuten dünsten
- gekochten Reis mit der Pilz-Gemüse-Mischung vermengen und mit gehackter Petersilie bestreut servieren

Beilagenempfehlung: grüner Salat oder gegrilltes Hühnerfilet

Weinempfehlung: leichter bis mittelschwerer Rotwein oder aber kräftiger Weißwein

Nährwert
pro 100 g: 129 kcal
pro Portion: ca. 390 kcal

Kochen mit dem Kuhmaul
- Das Kuhmaul ist ein Pilz von sanftem Geschmack, der sich sehr gut mit süßlichem Gemüse wie Erbsen, Karotten und rotem Paprika verträgt.
- Beim Kochen dieses Pilzes entsteht ein goldbrauner Saft, der die Gerichte entsprechend färbt. So erhält weißer Reis den Farbton von Naturreis. Verwendet man für Reisgerichte mit dem Kuhmaul Naturreis, so ist zu berücksichtigen, dass der Pilz dem Reis eine merklich dunklere Farbe verleiht.
- Ähnlich den Schmierröhrlingen ist dieser Pilz sehr gut für Spaghetti-Sugo und Pilz-Saucen bzw. Ragouts geeignet.
- Zum Trocknen ist das Kuhmaul ungeeignet, in den Rezepten ist es am ehesten durch Kulturchampignons ersetzbar. Man friert den Pilz blanchiert oder als fertiges Gericht ein.

Grünkern-Auflauf mit Kuhmaul, Goldröhrlingen und Pfifferlingen

(vegetarisch) ①

Zutaten

350 g Grünkern (fein geschrotet)
150 g Schalotten
600 g gemischte Wildpilze
(Kuhmaul, Goldröhrlinge, Pfifferlinge)
30 g Butter
1 EL Olivenöl
Salz
weißer Pfeffer
Muskatnuss
1 Schuss Weißwein-Essig
ca. 1/2 l klare Gemüsesuppe (siehe Rezept Seite 58)
1 Bund fein gehackte Petersilie
3 Eidotter
3 EL Mehl glatt (Typ W 700)
3 Eiklar
Fett für die Backform
50 g Butter für Butterflocken

Zubereitung: ca. 2 Stunden

- Backrohr auf 180 °C Heißluft vorheizen
- Grünkern fein schroten, Schalotten klein schneiden
- Pilze putzen, waschen und in kleine Stücke schneiden
- Butter und Olivenöl erhitzen, Schalotten darin anbraten, Pilze zugeben
- Gewürze und Essig zufügen und so lange köcheln, bis die Flüssigkeit weitgehend reduziert ist
- Suppe und Grünkern zugeben und unter Rühren bei schwacher Hitze kochen, bis die Flüssigkeit fast vollständig eingezogen ist
- beiseite stellen und mit Deckel 15 Minuten lang quellen lassen, danach auskühlen lassen
- zur ausgekühlten Masse gehackte Petersilie und abwechselnd Eidotter und Mehl zugeben
- Eiklar mit etwas Salz zu steifem Schnee schlagen und unterheben
- Backform (4 l Fassungsvermögen) mit Fett ausstreichen und Masse einfüllen, glatt streichen und mit Butterflocken belegen
- im vorgeheizten Backrohr bei 180 °C Heißluft 1 Stunde lang backen
- aus der Form stürzen, portionieren und heiß servieren

Beilagenempfehlung: Tomaten-Ragout mit Stangensellerie (siehe Rezept Seite 133), Blattsalat oder gebratenes Hühnerfilet mit Knoblauch, Rosmarin und Basilikum

Weinempfehlung: leichter bis mittelschwerer Rotwein

Nährwert

pro 100 g Auflauf: 145 kcal
pro Portion ohne Beilagen: 509 kcal
pro Portion mit Tomaten-Ragout mit Stangensellerie: 573 kcal

Tipps

- Statt den gemischten Wildpilzen können Sie auch Kulturchampignons oder -pfifferlinge verwenden, dann allerdings 1/4 l Suppe mehr zugeben.
- Diese Masse ist ein geeignetes Rezept für Pilze, die viel Saft abgeben, wie das Kuhmaul und der Goldröhrling, da der Grünkernschrot quellen muss und dabei die Aromastoffe der Pilze aufnimmt.
- Bleibt von diesem Gericht etwas übrig, kann man es vorportioniert einfrieren und die Stücke mit geriebenem Käse bestreut überbacken.
- Wenn die Pilzstücke für die Masse klein genug geschnitten werden, so brechen sie beim Portionieren nicht heraus.

Getreide

Das volle Korn von Getreidearten wie Grünkern, Dinkel, Weizen, Hirse oder Reis schmeckt nicht nur herzhaft, es enthält fast alle lebensnotwendigen Nährstoffe. Mengenmäßig sind neben Kohlenhydraten (Stärke) vor allem die Vitamine B1, E, die Mineralstoffe Magnesium, Eisen und die Ballaststoffe zu nennen. Ballaststoffe können nicht verdaut werden. Sie führen zu einem länger anhaltenden Sättigungsgefühl und beugen damit Übergewicht vor. Sie regen die Darmtätigkeit an und schützen so vor Verstopfung und Dickdarmkrebs.

Hühner-Rouladen mit Maipilz-Fülle ⏲⏲⏲

Zutaten

Für den Saft:

1 kleine Karotte
1 kleine Frühlingszwiebel samt Grün
1 kleines Stück Sellerie (ca. 20 g)
2 EL Olivenöl
2 geschälte Knoblauchzehen
2 Stängel Petersilie samt Blättern
2 Zweige Rosmarin à 10 cm Länge
gut 1/4 l kräftige Hühnersuppe (siehe Rezept Seite 58)
1/8 l Rotwein
Salz

Für die Fülle:

250 g Maipilze (ersatzweise weiße Champignons)
20 g Butter
Salz
weißer Pfeffer
Muskatnuss
1/8 l Sahne
1 Scheibe Toastbrot
1 EL gehackte Petersilie
1/2 KL gemahlener Rosmarin
1 kleines Ei
1 EL Brösel

Für 4 Rouladen:

600 g Hühnerfilets
Salz
gemahlener Rosmarin
Petersilie zum Garnieren

Zubereitung: 2 Stunden

- Backrohr auf 180 °C Heißluft vorheizen

Saft:

- Karotte, Frühlingszwiebel und Sellerie putzen und klein schneiden
- Olivenöl in einer Pfanne erhitzen und darin Gemüse samt Knoblauch, Petersilie und Rosmarin scharf anbraten, mit Suppe und Rotwein löschen und leicht salzen
- ca. 5 Minuten köcheln lassen, danach in der offenen Bratpfanne beiseite stellen

Fülle:

- Maipilze putzen und klein schneiden
- Butter zerlassen, Pilze darin dünsten und mit Salz, weißem Pfeffer und Muskatnuss würzen
- sobald die Flüssigkeit verdunstet ist, Sahne zufügen und dünsten, bis die Flüssigkeit fast vollständig eingezogen, aber noch ein kleiner Rest vorhanden ist
- Toastbrot in einer Schüssel zerpflücken und mit den Fingern zerkleinern
- Pilz-Sahne-Masse zufügen, vermischen und die Petersilie und den gemahlenen Rosmarin zufügen
- Masse völlig erkalten lassen
- dann das Ei und nach Bedarf Brösel zufügen – die Masse soll nicht flüssig, sondern gut formbar sein

Rouladen:

- Hühnerfilets dünn aufschneiden, sodass eine Fläche von ca. 10 cm x 10 cm entsteht
- Fleisch platt drücken, salzen und mit dem gemahlenen Rosmarin bestreuen
- Fleisch zu einem Drittel nicht zu dick mit der Fülle bestreichen, einrollen und mit einem Bindfaden zu einem Päckchen binden
- Rouladen auf das geröstete Gemüse in die offene Bratpfanne setzen und im vorgeheizten Backrohr bei 180 °C Heißluft 45 Minuten braten, nach ca. 20 Minuten öfter mit dem Saft begießen
- Rouladen aus dem Fond heben und warm stellen
- Fond durch ein Spitzsieb abseihen und kurz erhitzen
- Rouladen vom Bindfaden befreien und mit dem Elektromesser in gefällige Stücke schneiden
- Rouladenstücke auf eine Platte legen, mit der Sauce begießen und mit Petersilie garniert servieren
- restlichen Saft in einer Sauciere separat servieren

Beilagenempfehlung: Petersilienkartoffeln, Brennnessel-Spinat und Karotten-Sellerie-Püree (siehe Rezepte Seiten 128, 130)
Weinempfehlung: kräftiger Weißwein wie beispielsweise Chardonnay

Nährwert

pro 100 g Hühner-Roulade: 141 kcal
pro Portion ohne Beilagen: ca. 423 kcal
pro Portion mit empfohlenen Beilagen: 553 kcal
pro Portion mit Petersilienkartoffeln und empfohlenen Beilagen: 723 kcal

Rostbraten mit Morcheln

Zutaten

100 g Zwiebel
100 g Karotte
50 g Pastinake
4 Rostbraten (oder Rippenstück) (ca. 450 g)
Salz
schwarzer Pfeffer
2 TL Estragon-Senf
etwas Mehl glatt (Typ W 700)
1/4 l Pflanzenöl
insgesamt 100 g Butter
1/4 l Rotwein
1/4 l Wasser oder Mineralwasser
150 g frische Morcheln
1 Prise Salz
1/2 Bund gehackte Petersilie

Zubereitung: ca. 1 Stunde

- Zwiebel, Karotte und Pastinake schälen und fein zerkleinern, was am besten mit dem Mixaufsatz eines Küchengerätes funktioniert
- Rostbraten platt drücken, salzen und pfeffern und auf einer Seite mit Senf einreiben und bemehlen
- Pflanzenöl erhitzen und Fleisch darin scharf anbraten, danach herausnehmen und Öl wegleeren
- im Bratenrückstand die Hälfte der angegebenen Butter aufschäumen und zerkleinertes Gemüse darin anschwitzen
- mit Rotwein und Wasser löschen, Bratenrückstand lösen
- Rostbraten dazugeben und alles zusammen zugedeckt 45 Minuten dünsten
- Saft eventuell pürieren
- Morcheln waschen, längs halbieren und innen gründlich reinigen
- restliche Butter schmelzen, Morcheln darin dünsten und vorsichtig salzen
- Morcheln auf den fertigen Rostbraten-Stücken verteilen, mit Saft umkränzen und mit gehackter Petersilie bestreut servieren

Beilagenempfehlung: Gnocchi oder Nudeln, beispielsweise Bandnudeln

Weinempfehlung: kräftiger Rotwein, etwa ein St. Laurent, den man auch zur Zubereitung des Gerichtes verwendet

Nährwert

pro 100 g Rostbraten: 80 kcal
pro Portion ohne Beilagen: 80 kcal
pro Portion mit Nudeln: 536 kcal

Brennnessel-Soufflé mit Morcheln ⏲⏲

Zutaten

300 g Brennnesseln (ersatzweise Spinat)
20 g Butter
5 Safranfäden
1/16 l Weißwein
1/8 l kräftige Rindsuppe (siehe Rezept Seite 58)
30 g Butter
50 g Mehl glatt (Typ W 700)
1/4 l Milch
Salz
150 frische Morcheln (auch mit Stielen)
50 g Butter
Salz
Fett für die Form
3 Eidotter
3 Eiklar
Salz
50 g Parmesan zum Bestreuen

Zubereitung: ca. 1 1/2 Stunden

- Backrohr auf 180 °C Heißluft vorheizen
- Brennnesseln (ersatzweise Spinat) ca. 1 Minute in kochendem Wasser blanchieren, abseihen, kalt abspülen, fest zwischen beiden Händen ausdrücken, fein hacken und in Butter kurz dünsten
- Safranfäden zwischen den Fingern zerreiben und in Weißwein auflösen
- Brennnesseln mit Weißwein-Safran-Gemisch und Rindsuppe löschen und 5 Minuten kochen lassen, anschließend pürieren
- für die Béchamel Butter schmelzen und unter ständigem Rühren das Mehl zufügen
- kalte Milch und Salz zugeben und mit der Schneerute rühren, bis die Masse kocht
- Masse dicklich einkochen lassen
- Brennnesselmasse dazumengen und beiseite stellen, auskühlen lassen
- Morcheln längs halbieren und gut waschen, Butter schmelzen und Morcheln darin dünsten, salzen und so lange dünsten, bis das Wasser eingezogen ist
- Soufflé-Form (1 l Fassungsvermögen) mit Fett ausstreichen und das Soufflé wie folgt fertig stellen:
- Eidotter unter die Brennnessel-Béchamel mengen, Eiklar mit etwas Salz zu steifem Schnee schlagen und unter die Béchamel ziehen
- die Hälfte der Soufflé-Masse in die Form füllen und die gegarten Morcheln darauf verteilen
- zweite Hälfte darübergeben und dick mit Parmesan bestreuen
- im vorgeheizten Backrohr bei 180 °C Heißluft 25 Minuten backen, portionieren und sofort servieren

Weinempfehlung: kräftiger Weißwein wie etwa Chardonnay oder Sauvignon blanc oder auch ein leichter Rotwein

Eine leichte und elegante Köstlichkeit, die man im Frühling mit jungen Brennnesseln und frischen Morcheln unbedingt probieren sollte!

Nährwert

pro 100 g: 143 kcal
pro Portion: ca. 210 kcal

Brennnessel

Die Brennnessel ist nicht nur köstlich und gut zu verarbeiten, sondern auch reich an Vitaminen und Mineralstoffen.
Wichtig ist, dass man die Blätter wegen ihrer hautreizenden Brennhaare nur mit Handschuhen pflückt und nur in blanchiertem Zustand isst.
Ein Tee aus trockenen oder frischen Blättern wirkt harntreibend, daher gleich ein paar Blätter mehr für die Frühlingskur sammeln.

Pfifferling-Ragout mit gebackenen Linsenlaibchen

(vegetarisch) ①

Zutaten

für die Linsenlaibchen

(Masse für 8 Laibchen mit ca. 7 cm Durchmesser):

250 g rote Linsen
100 g grüne Linsen
Salzwasser
2 gepresste Knoblauchzehen
1 1/2 EL getrockneter Majoran
2 Eier
Salz
100 g Mehl glatt (Typ W 700)
2 EL Dinkelgrieß
3 EL Vollkornbrösel
Backfett zum Frittieren

für das Ragout:

200 g Pfifferlinge
60 g Jungzwiebel
30 g Butter
Salz
weißer Pfeffer
3 EL Tomatenstücke aus der Dose (oder Tomatensaft)
3 EL Sahne
3 EL gehackte Petersilie

Zubereitung: ca. 1 Stunde

Linsenlaibchen:

- rote Linsen in 1/2 l Salzwasser weich kochen, anschließend pürieren und auskühlen lassen
- grüne Linsen in 1/4 l Salzwasser weich kochen, in geschlossenem Topf nachquellen lassen und im Ganzen verwenden, auskühlen lassen
- Linsen mischen, Knoblauch, Majoran, Eier und Salz zufügen
- Mehl und Dinkelgrieß beimengen und die Masse 10 Minuten ziehen lassen – sie soll gut formbar und nicht zu weich sein, andernfalls etwas Vollkornbrösel zugeben
- mit feuchten Händen Laibchen formen und in Vollkornbröseln wälzen
- Fett erhitzen und die Laibchen darin goldbraun frittieren

Ragout:

- Pfifferlinge putzen und nicht zu klein schneiden
- Jungzwiebel in Ringe schneiden und in geschmolzener Butter dünsten
- Pilze zugeben, salzen und pfeffern und Tomatenstücke (oder Tomatensaft) zufügen
- Sahne zufügen und alles zusammen so lange kochen, bis ein cremiger Saft entsteht
- mit gehackter Petersilie und den Linsenlaibchen servieren

Weinempfehlung: kräftiger, milder Weißwein wie etwa Zierfandler oder Rotgipfler

Die Linsenlaibchen liefern eine feine Ergänzung zum Pfifferling-Ragout. Sie passen aber auch zu Karotten-Lauch-Kohl-Gemüse oder Tomaten-Ragout mit Stangensellerie (siehe Rezepte Seiten 129, 133).

Nährwert

pro 100 g: 164 kcal
pro Portion: 436 kcal

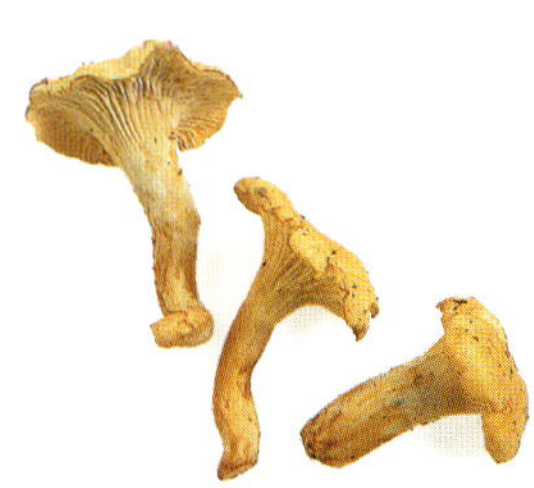

Trilogie von Pilzen an gebratenen Putenstreifen mit Lauch ⏱

Zutaten

250 g gemischte Pilze, ca. 100 g Shiitakepilze (frisch), 100 g Austernpilze (frisch), 50 g Totentrompeten (getrocknet)
100 g Lauch
450 g Putenfilet
30 g Butter
2 EL Olivenöl
Salz
schwarzer Pfeffer
ca. 1/4 l klare Gemüse- oder kräftige Hühnersuppe (siehe Rezepte Seite 58)
1/8 l Sahne
3 EL Crème fraîche
3 EL gehackte Petersilie

Zubereitung: ca. 30 Minuten

- Totentrompeten in warmem Wasser einweichen, frische Pilze putzen und blättrig schneiden
- Lauch putzen und in Streifen schneiden
- Putenfilet in Streifen schneiden, würzen
- Butter und Olivenöl erhitzen und Lauch samt Putenstreifen darin anbraten
- frische Pilze und eingeweichte Totentrompeten samt Einweichwasser zufügen, salzen und pfeffern
- etwas reduzieren lassen und Suppe zufügen, 15–20 Minuten kochen, Saft sollte wiederum etwas reduziert sein
- Sahne und Crème fraîche mischen und zum Saft geben, cremig kochen
- mit gehackter Petersilie bestreut servieren

Beilagenempfehlung: Weißbrot, gekochter Reis oder Linsenlaibchen (siehe Rezept Seite 103)

Weinempfehlung: kräftiger Weißwein, Sekt

Nährwert

pro 100 g: 171 kcal
pro Portion: 376 kcal
pro Portion mit Weißbrot: ca. 490 kcal

Shiitakepilze

Dieser Pilz wird im Fernen Osten, besonders in Japan, in großen Mengen kultiviert, mittlerweile aber auch in Europa, verschiedentlich sogar im Bioanbau. Er eignet sich gut für den Eigenanbau.
Neben hohen Mengen Vitamin D enthält er verschiedene Substanzen, die medizinisch interessant sind. Von den Wirkungen, die dem Shiitake zugeschrieben werden, ist bei der Verwendung als Speisepilz wahrscheinlich nur die cholesterinsenkende interessant. Sie bleibt durch das Garen erhalten. Versuche mit Gaben von 90 g frischen Shiitakepilzen täglich führten nach einer Woche zu einer Abnahme des Serumcholesterinspiegels um 6–12 %. Für die anderen Wirkungen, wie die gegen Viren und Krebs, bedarf es der Herstellung spezieller Pilzextrakte, die entsprechend medizinisch eingesetzt werden.

Ravioli mit Pilz-Wildkräuter-Fülle (vegetarisch) ⏱⏱⏱

Zutaten für 36 Ravioli

Für den Nudelteig:

400 g Mehl glatt (Typ W 700)
Salz
3 Eier
3 Eidotter
1/16 l Olivenöl

Für die Fülle:

100 g gemischte Wildkräuter, etwa Brennnesseln, Gänseblümchen, Spitzwegerich, Schafgarbe, Knoblauchsrauke
(ersatzweise Spinat oder Mangold)
2 EL Olivenöl
Salz
3 EL Pilzpulver (ca. 30 g)
250 g italienischer Ricotta
100 g Provolone, fein gerieben
Salzwasser
60 g Butter
100 g Parmesan

Zubereitung: 2 1/2 Stunden

Nudelteig:

- zuerst den Nudelteig herstellen, denn der muss rasten:
- Mehl auf ein Brett häufen und in der Mitte eine Mulde machen
- Salz und die restlichen Teigzutaten in die Mulde geben und zuerst mit einem Messer von der Mitte aus zu einem Teig verarbeiten, dann mit den Händen gut kneten (dabei das Brett immer wieder bemehlen) – so lange kneten, bis der Teig elastisch, weich, aber nicht mehr klebrig ist (ca. 15 Minuten)
- Teig zugedeckt 1 Stunde rasten lassen

Fülle:

- Wildkräuter (ersatzweise Spinat oder Mangold) ca. 1 Minute in kochendem Wasser blanchieren, danach abseihen und kalt abspülen
- mit beiden Händen fest ausdrücken und mit einem großen Messer oder einer Kräuterwiege fein hacken
- Olivenöl in einer Pfanne erhitzen und Kräuter bzw. Spinat oder Mangold darin ca. 1 Minute schwenken, danach in eine Schüssel geben und gut mit Salz, Pilzpulver, Ricotta und dem fein geriebenen Provolone vermengen – es soll eine gut formbare, stabile Fülle entstehen, aus der man problemlos kleine Klößchen formen kann

- Nudelteig auf bemehltem Brett auswalken, eine Hälfte mit Klößchen der Fülle besetzen, zweite Nudelteighälfte darüberlegen, Ravioli ausschneiden und Rand fest andrücken (einfacher ist es, Raviolibrett oder Nudelmaschine zu verwenden)
- Ravioli ca. 15 Minuten übertrocknen lassen und anschließend in reichlich kochendem Salzwasser 8 Minuten lang bissfest kochen
- mit zerlassener Butter beträufeln und mit Parmesan bestreuen
- oder in eine mit Fett ausgestrichene Form geben, mit Butterflocken belegen, mit Parmesan bestreuen und bei 200 °C ca. 8 Minuten goldbraun backen

Weinempfehlung: kräftiger Rotwein wie etwa Chianti

Tipp

Sie können einen Teil der Ravioli ungekocht einfrieren.

Nährwert

pro 100 g: 318 kcal
pro Portion: 800 kcal

Wildkräuter

Die für die Ravioli-Fülle verwendeten Wildkräuter Brennnesseln, Gänseblümchen, Spitzwegerich, Schafgarbe und Knoblauchsrauke geben nicht nur einen interessanten Geschmack, sie regen auch Appetit und Verdauung an.
Wem die Knoblauchsrauke nicht geläufig ist, der kann an ihrer Stelle auch eine Knoblauchzehe verwenden. Man mischt in diesem Fall die anderen Wildkräuter etwa so: 40 g Brennnesseln, 20 g Spitzwegerich, 20 g Gänseblümchen und 20 g Schafgarbe.

Wildentenbrust mit Reizkern

Zutaten

400 g Wildentenbrust-Filets (4 Filets)
Salz
schwarzer Pfeffer
2 EL Olivenöl
2 EL Madeira
etwas Fett für die Form
70 g Frühstücksspeck in Scheiben (zum Belegen)
1/2 l kräftige Hühnersuppe (siehe Rezept Seite 58)
250 g Reizker
30 g Butter

Zubereitung: ca. 30 Minuten

- Backrohr auf 200 °C vorheizen
- Wildentenbrust-Filets salzen und pfeffern
- Olivenöl erhitzen und Filets darin scharf anbraten, herausnehmen und beiseite stellen
- Bratenrückstand mit Madeira und 1/4 l Suppe löschen und reduzieren
- eine Bratform mit Fett ausstreichen und Filets hineinlegen
- Filets mit Frühstücksspeck belegen und 15 Minuten bei 200 °C garen (die Filets sollen innen noch zart rosa sein), Speck entfernen
- Reizker putzen und längs halbieren
- in Butter anbraten, salzen, mit 1/4 l Suppe aufgießen und Saft reduzieren
- Wildentenbrust-Filets auf vorgewärmten Tellern anrichten, mit den Reizkern belegen und mit dem Bratensaft umgossen servieren

Beilagenempfehlung: Schlehenkonfit und Serviettenknödel (siehe Rezepte Seiten 131, 132)

Weinempfehlung: kräftiger Rotwein wie etwa Burgunder oder Cabernet

Dieses farbenfrohe und kräftige Gericht verbindet zwei sehr ausgeprägte Geschmacksrichtungen – die der Reizker und die von Wild. Dabei entsteht eine harmonische Kombination, die der salzige Geschmack des Specks nur stören würde. Ich empfehle daher, den Speck nicht mitzuservieren.

Nährwert

pro 100 g Wildentenbrust: 141 kcal
pro Portion ohne Beilagen: 282 kcal
pro Portion mit empfohlenen Beilagen: ca. 680 kcal

Buchweizen-Auflauf mit gemischten Röhrlingen (vegetarisch) ⏲

Zutaten

500 g Buchweizen
1/2 l klare Gemüsesuppe (siehe Rezept Seite 58)
1/2 l Wasser
1 EL Pilzpulver (gemischte Röhrlinge oder Steinpilze) (ca. 10 g)
Salz
20 g gemischte Röhrlinge (oder Steinpilze), getrocknet, grob zerkleinert
1/4 l heißes Wasser zum Einweichen der Pilze
2 Stück Jungzwiebel (ca. 100 g)
2 Knoblauchzehen
2 EL Olivenöl
1 EL getrockneter Thymian
Muskatnuss
1/8 l Sahne
150 g frischer Schafskäse (ungesalzen)
3 Eidotter
3 Eiklar
Fett für die Form
100 g geriebener Käse (Emmentaler, Parmesan) zum Bestreuen

Zubereitung: ca. 2 Stunden

- Backrohr auf 180 °C Heißluft vorheizen
- Buchweizen mit Gemüsesuppe, Wasser, Pilzpulver und Salz 20 Minuten lang weich kochen, anschließend vom Herd nehmen und bei geschlossenem Deckel 1/2 Stunde lang nachquellen lassen, überkühlt weiterverarbeiten
- Pilze grob zerbrechen und in heißem Wasser kurz einweichen
- Jungzwiebeln in Ringe schneiden, Knoblauch pressen
- Olivenöl erhitzen und Jungzwiebeln, Knoblauch und eingeweichte Pilze samt Einweichwasser zugeben, salzen, Thymian und Muskatnuss zufügen
- ca. 5 Minuten kochen, bis die Flüssigkeit weitgehend reduziert ist, danach Sahne zufügen und cremig einkochen
- Buchweizenmasse mit Schafskäse und Eidotter gut vermischen, Pilzmasse untermischen
- Eiklar mit etwas Salz zu steifem Schnee schlagen und unterziehen
- Buchweizen-Pilz-Masse in mit Butter ausgestrichene Form füllen und mit geriebenem Käse dicht bestreuen
- im vorgeheizten Backrohr bei 180 °C 50 Minuten lang goldbraun backen

Beilagenempfehlung: Safran-Bärlauch-Sauce, Tomaten-Ragout mit Stangensellerie oder Zucchini-Karotten-Gemüse (siehe Rezepte Seiten 131, 133)

Weinempfehlung: leichter bis mittelschwerer Rotwein, Landwein

Ein kräftiger Genuss, dieser Auflauf! Er liefert wertvolle Kohlenhydrate und die für eine geregelte Darmtätigkeit so wichtigen Ballaststoffe. Gut gewürzt, regt er auch den Appetit und die Verdauung an.

Nährwert

pro 100 g Auflauf: 143 kcal
pro Portion ohne Beilagen: 430 kcal
mit Safran-Bärlauch-Sauce: 491 kcal
mit Tomaten-Ragout mit Stangensellerie: 494 kcal
mit Zucchini-Karotten-Gemüse: 466 kcal

Buchweizen

Der Geschmack von Buchweizen ist kräftig und charakteristisch, aber man muss ihn mögen. Wenn man ihn nicht kennt, sollte man lieber zuerst eine kleine Menge davon gekocht probieren, ehe man sich an diesen Auflauf wagt.
Buchweizen ist botanisch nicht mit dem Getreide verwandt. Seine Früchte werden aber genauso verwendet. Sie sind ähnlich stärke- und ballaststoffreich wie das Getreide, aber eiweißreicher als dieses.

Hirse-Auflauf mit getrockneten Röhrlingen (vegetarisch) ⏲⏲

Zutaten für 6 Portionen

500 g Goldhirse
1/2 l klare Gemüsesuppe (siehe Rezept Seite 58)
1/2 l Wasser
Salz
2 EL Steinpilzpulver (ca. 20 g)
20 g getrocknete Röhrlinge (ersatzweise Steinpilze)
1/4 l Wasser zum Einweichen der Pilze
50 g Butter
Muskatnuss
2 TL Oregano
1/8 l Sahne
250 g Quark
1 Bund gehackte Petersilie
4 Eidotter
6 Eiklar
Fett für die Form
100 g Parmesan oder Emmentaler zum Bestreuen
Butter für die Form

Zubereitung: 2 Stunden

- Hirse in einem Sieb waschen und in Gemüsesuppe mit Wasser, Salz und dem Steinpilzpulver weich kochen, danach zugedeckt eine halbe Stunde quellen lassen, schließlich auskühlen lassen und erst dann weiterverarbeiten
- in der Zwischenzeit die getrockneten Röhrlinge grob zerbrechen und in heißem Wasser einweichen
- Butter zerlassen, eingeweichte Röhrlinge zugeben und mit dem Einweichwasser aufgießen
- Gewürze zufügen und kochen, bis die Flüssigkeit etwas reduziert ist, danach Sahne zugeben und weitgehend einkochen lassen
- überkühlte Hirsemasse zunächst gut mit dem Quark abmischen, dann die Pilz-Sahne-Masse und die gehackte Petersilie zufügen, alles zusammen mit den Eidottern vermengen
- Eiklar zu Schnee schlagen und unter die Hirsemasse ziehen
- Auflauf in eine mit Fett ausgestrichene Form (4 l Fassungsvermögen) füllen, mit geriebenem Käse bestreuen und im vorgeheizten Backrohr bei 180 °C 50 Minuten backen
- portionieren und mit einer Sauce servieren

Beilagenempfehlung: Safran-Bärlauch-Sauce oder Tomaten-Ragout mit Stangensellerie (siehe Rezepte Seiten 131, 133)

Weinempfehlung: mittelschwerer Rotwein wie etwa Zweigelt, Blaufränkischer oder auch Chianti

Dieser Auflauf kombiniert Pilze und Hirse und erhält seine Geschmeidigkeit durch die Beigabe von Quark. Die Hirse liefert wertvolle Mineralstoffe, Spurenelemente und wie die Pilze Ballaststoffe. Dieser Auflauf schmeckt nicht nur köstlich, sondern ist auch sehr gesund.

Nährwert

pro 100 g Auflauf: 116 kcal
pro Portion: 348 kcal
pro Portion mit Safran-Bärlauch-Sauce: 409 kcal
pro Portion mit Tomaten-Ragout
mit Stangensellerie: 412 kcal

Grünkern-Laibchen mit getrockneten Röhrlingen (vegetarisch) ⌚

Zutaten für ca. 20 Laibchen

250 g Grünkern (fein geschrotet)
100 g Zwiebel
50 g getrocknete Röhrlinge
1/4 l Wasser zum Einweichen der Pilze
1 Knoblauchzehe
2 EL Olivenöl
Salz
Oregano
1/2 l Wasser oder klare Gemüsesuppe (siehe Rezept Seite 58)
3 Eier
50 g Brösel
1 Ei zum Bestreichen

Zubereitung: ca. 1 1/2 Stunden

- Backrohr auf 180 °C Heißluft vorheizen
- Grünkern fein schroten, Zwiebel klein schneiden
- Pilze grob zerbrechen und in 1/4 l warmem Wasser einweichen
- Knoblauch schälen und pressen
- Olivenöl erhitzen und Zwiebel kurz darin anschwitzen
- eingeweichte Pilze samt Einweichwasser, Knoblauch, Salz, Oregano und Grünkernschrot zufügen und mit Wasser oder Gemüsesuppe aufgießen
- unter Rühren zu einem dicken Brei kochen (Achtung, dass nichts anbrennt), die Flüssigkeit soll weitgehend eingezogen sein
- Topf vom Herd nehmen und die Masse zugedeckt ca. 20 Minuten nachquellen lassen, auskühlen lassen
- anschließend die Masse in eine große Schüssel geben und mit beiden Händen kräftig die Eier untermengen, Brösel dazugeben – es soll eine formbare, aber nicht zu weiche Masse entstehen
- jeweils einen gehäuften Esslöffel voll Masse mit nassen Händen zu einem Laibchen formen, diese auf ein mit Backtrennpapier ausgelegtes Blech legen und mit verquirltem Ei bestreichen
- 30 Minuten bei 180 °C Heißluft backen

Beilagenempfehlung: Karotten-Lauch-Kohl-Gemüse (siehe Rezept Seite 129)

Weinempfehlung: leichter bis mittelschwerer Rotwein, Landwein

Nährwert

pro 100 g Laibchen: 116 kcal
pro Portion ohne Beilagen: ca. 230 kcal
pro Portion mit empfohlenen Beilagen: 330 kcal

Rötelritterlinge mit Schalotten an gegrilltem Rindsfilet ⏲

Zutaten

250 g Rötelritterlinge
1 l Salzwasser mit 1 Schuss Essig oder Saft von 1/2 Zitrone
100 g Schalotten
30 g Butter
Salz
weißer Pfeffer
1/4 l kräftige Rindsuppe (siehe Rezept Seite 58)
1/4 l Sahne
4 Rindsfilets (ca. 500 g)
Salz
schwarzer Pfeffer

Zubereitung: ca. 30 Minuten

- Pilze putzen, grobblättrig schneiden und 2 Minuten in kochendem Essig- oder Zitronen-Salz-Wasser (zur Farberhaltung) blanchieren
- abseihen und kalt abspülen, abtropfen lassen
- Schalotten nicht zu klein schneiden und in Butter anschwitzen
- Pilze zugeben, Salz und weißen Pfeffer zufügen und mit Suppe aufgießen, ca. 10 Minuten kochen lassen, bis der Saft reduziert ist, dann Sahne zufügen und cremig kochen
- Rindsfilets beidseitig salzen und pfeffern und in einer entsprechenden Pfanne grillen
- gegrillte Rindsfilets mit Pilz-Ragout umkränzen und servieren

Beilagenempfehlung: Petersilienkartoffeln (siehe Rezept Seite 130)

Weinempfehlung: gehaltvoller Rotwein wie etwa ein Blauer Burgunder oder ein Cabernet Merlot

Dieses Gericht ist eine Freude für das Auge, weil die Rötelritterlinge durch das Blanchieren ihr herrliches Violett behalten. Farblich und geschmacklich sind diese Pilze durch keine anderen ersetzbar. Prinzipiell kann man zwar andere Pilze, wie etwa Steinpilze, für dieses Gericht verwenden, diese verändern allerdings komplett dessen Charakter.

Nährwert

pro 100 g: 138 kcal
pro Portion ohne Beilagen: 583 kcal
pro Portion mit Petersilienkartoffeln: 753 kcal

Kochen mit Rötelritterlingen

- Ihre typische Farbe behalten Rötelritterlinge durch etwa 2 Minuten Blanchieren in 1 l Salzwasser mit 1 Schuss Essig oder Zitronensaft.
- Rötelritterlinge eignen sich als Zugabe zu Wild oder Rindfleisch, aber auch für Mischungen mit verschiedenen Röhrlingen zu Sugos für Spaghetti oder andere Nudeln.
- Wegen ihrer markanten Farbe sind Rötelritterlinge in den Rezepten durch keine anderen Pilze ersetzbar.

Hirse-Quinoa-Auflauf mit Wildpilz-Ragout aus Rotkappen, Täublingen, Pfifferlingen und verschiedenen Röhrlingen (vegetarisch) ⓛⓛ

Zutaten

für den Auflauf (8 Portionen):

1 1/2 l Wasser
1 1/2 TL Salz
3 EL Pilzpulver (Steinpilze, gemischte Röhrlinge) (ca. 30 g)
500 g Goldhirse
250 g Quinoa
1 EL frisch gemahlener Koriander
1 TL frisch gemahlener Kümmel
1/2 TL frisch gemahlener Fenchel
100 g Zucchini
500 g Quark, 25 % F.i.T.
5 Eidotter
5 Eiklar
Fett für die Form
50 g Butter für Butterflocken
Ruccola

für das Wildpilz-Ragout (4 Portionen):

ca. 250 g Jungzwiebel (5 Stück)
500 g gemischte Wildpilze wie etwa Rotkappen, Frauentäublinge, Speisetäublinge, Pfifferlinge, Eichenraufuß, Goldröhrlinge
1 Bund Petersilie
2 kleine Tomaten (ca. 100 g)
50 g Butter
1/2 TL Salz
1/4 l klare Gemüsesuppe (siehe Rezept Seite 58)
ca. 1/8 l Mineralwasser
weißer Pfeffer
Mehlbutter aus 20 g Butter und 1 EL Mehl glatt (Typ W 700)

Zubereitung: ca. 2 Stunden

Auflauf:

- zuerst den Auflauf und während dieser bäckt, das Ragout zubereiten
- Backrohr auf 180 °C Heißluft vorheizen
- Wasser mit Salz und Pilzpulver aufkochen, Goldhirse und Quinoa zufügen
- bei kleiner Stufe (3–4) unter häufigem Umrühren 20 Minuten kochen
- vom Herd nehmen und bei geschlossenem Deckel ca. 15 Minuten nachquellen lassen, anschließend auskühlen lassen
- Koriander, Kümmel und Fenchel frisch mahlen
- Zucchini grob schälen und fein reißen
- Gewürze, Zucchini und Quark unter die Goldhirse-Quinoa-Masse mischen (geht am besten mit den Händen), Eidotter unterrühren
- Eiklar mit etwas Salz zu steifem Schnee schlagen und ebenfalls unter die Masse ziehen
- Auflauf in eine mit Fett ausgestrichene Form (4 l Fassungsvermögen) füllen, glatt streichen und dicht mit Butterflocken belegen
- im vorgeheizten Backrohr bei 180 °C 40 Minuten goldbraun backen
- in Würfel schneiden und auf Ruccola anrichten, mit dem Wildpilz-Ragout servieren

Wildpilz-Ragout:

- Jungzwiebel in dünne Ringe schneiden, Wildpilze waschen und blättrig schneiden
- Petersilie fein hacken, Tomaten samt der Schale achteln
- Butter in Pfanne schmelzen
- Zwiebel darin dünsten, Pilze zugeben, durchrösten, salzen und mit Suppe aufgießen
- ca. 20 Minuten kochen lassen, der Saft sollte etwa 2-mal reduziert werden (mit Mineralwasser aufgießen)
- ca. 5 Minuten vor Ende der Kochzeit weißen Pfeffer, Petersilie und die Tomaten zugeben
- kurz durchkochen, mit Mehlbutter (Butter und Mehl verkneten) binden und servieren

Tipp

Die Auflaufmenge ist reichlich bemessen, es bleibt sicher etwas übrig. Sie könnten den restlichen Auflauf bis zum nächsten Tag kühlen und mit Tomaten-Ragout mit Stangensellerie (siehe Rezept Seite 133) oder Ratatouille servieren oder vorportioniert einfrieren und zu anderen Pilz-Ragouts, Pilz-Saucen, Gemüse oder Hühner-Ragout reichen.

Weinempfehlung: mittelschwerer Rotwein wie etwa Chianti, Zweigelt oder Blaufränkischer

Nährwert

pro 100 g Auflauf: 119 kcal
pro 100 g Wildpilz-Ragout: 59 kcal
pro Portion: 565 kcal

Quinoa

Quinoa oder Reismelde stammt aus den andinen Hochländern Südamerikas und enthält wertvolles Eiweiß. Die Kombination mit Hirse, typischen Brotgewürzen und Pilzpulver ergibt einen köstlichen Auflauf, der überdies reich an wertvollen Kohlenhydraten, Ballaststoffen und Mineralstoffen ist. Er fördert Verdauung und Darmtätigkeit – kurzum das Wohlbefinden.

Schweinsmedaillons mit Steinpilzen in Madeira-Sauce ①

Zutaten

400 g Schweinslungenbraten (im Ganzen)
Salz
schwarzer Pfeffer aus der Mühle
40 g Butter
1/8 l klare Rind- oder Gemüsesuppe (siehe Rezepte Seite 58)
1/8 l Madeira
100 g Steinpilze
20 g Butter
Salz
1/8 l Sahne
einige Blättchen Petersilie oder Kerbel zum Garnieren

Zubereitung: 30 Minuten

- Schweinslungenbraten in ca. 1 cm dicke Scheiben schneiden und mit dem Rücken eines Messers leicht platt drücken, salzen und pfeffern
- Butter schmelzen und Medaillons darin anbraten, mit Suppe und Madeira löschen und zu einer braunen Sauce verkochen
- Fleisch und Sauce warm stellen
- Steinpilze gründlich säubern und in Scheiben schneiden
- Butter schmelzen und Steinpilze darin anbraten, vorsichtig salzen
- mit Sahne bedecken und cremig einkochen
- Schweinsmedaillons auf vorgewärmten Tellern gefällig anrichten, mit der braunen Madeira-Sauce umkränzen, mit Steinpilzen bedecken und mit einigen Petersilien- oder Kerbelblättchen garnieren

Beilagenempfehlung: Petersilienkartoffeln für Eilige oder Spritz- oder Brioche-Kartoffeln für Geübte (siehe Rezepte Seiten 130, 132). Entschließt man sich für letztere Beilage, muss man unbedingt mit der Herstellung des Kartoffelteiges beginnen, da die Kartoffelmasse vor dem Backen auskühlen muss.

Weinempfehlung: mittelschwerer bis kräftiger Rotwein

Das Besondere an diesem edlen Gericht ist die würzige Madeira-Sauce, die einen harmonischen Kontrast zu den sanften Steinpilzen bildet. Beides zusammen schmeichelt dem besten Stück vom Schwein, dem Schweinslungenbraten. Schnell zubereitet, wenn Gäste kommen!

Nährwert

pro 100 g Schweinsmedaillons mit Steinpilzen in Madeira-Sauce: 192 kcal
pro Portion ohne Beilagen: 157 kcal
pro Portion mit Petersilienkartoffeln: 627 kcal
pro Portion mit Briochekartoffeln: 650 kcal

Pilz-Gemüse-Strudel mit Steinpilzen oder Pfifferlingen

(vegetarisch) ⏲⏲

Zutaten

Für den Teig:

500 g mehlige Kartoffeln
200 g Mehl griffig (Typ W 480)
50 g (Hart-)Weizengrieß
40 g Butter
Salz
Muskatnuss
2 Eier

Für die Fülle:

100 g Lauch
50 g Jungzwiebel
150 g Karotten
1 mittlere Tomate
250 g Steinpilze oder Pfifferlinge
2 EL Olivenöl
Pfeffer
Majoran
1/16–1/8 l klare Gemüsesuppe (siehe Rezept Seite 58)
250 g Tofu natur
1 Ei zum Bestreichen
Blattsalat

Zubereitung: 2 Stunden

Teig:

- Kartoffeln in der Schale weich kochen, pellen und noch heiß durch die Kartoffelpresse auf ein Brett drücken
- mit Mehl, Grieß, weicher Butter, Salz, Muskatnuss und den Eiern zu einem Teig verkneten
- diesen auf dem bemehlten Brett auswalken, mit der Fülle bestreichen, zusammenrollen, auf ein mit Backtrennpapier ausgelegtes Backblech legen und mit verklopftem Ei bestreichen
- im vorgeheizten Backrohr bei 180 °C 40–50 Minuten goldbraun backen
- in Stücke portionieren und zu Blattsalat eventuell mit einer Schnittlauchsauce servieren

Fülle:

- Lauch, Jungzwiebel und Karotten putzen und in kleine Stücke schneiden
- Tomate waschen und mit einem scharfen Messer ebenfalls in kleinere Stücke schneiden
- Pilze putzen und klein schneiden
- Olivenöl in einer Pfanne erhitzen und Gemüse sowie Pilze darin braten, salzen und pfeffern, mit Majoran würzen und evtl. mit etwas klarer Gemüsesuppe untergießen und kurz dünsten
- Tofu in kleinere Stücke brechen und mit etwas klarer Gemüsesuppe pürieren, wobei die Masse nicht flüssig werden sollte
- Tofu unter das Gemüse mischen, nochmals mit Salz und Majoran abschmecken
- Fülle auf den Teig geben und einrollen

Weinempfehlung: leichter Rotwein

Ein wenig aufwändig, aber gut vorzubereiten und der Hit, wenn Gäste kommen, die man mit etwas Besonderem verwöhnen möchte.

Tipps

- Der Teig ist etwas weich, aber gut formbar und nicht klebrig. Wichtig ist, ihn beim Einrollen mit Mehl zu unterstäuben. Gut aufpassen sollte man jedenfalls, während man ihn samt der Fülle auf das Backblech hebt. Dazu eignen sich zwei Tortenmesser.
- Selbst wenn der Teig durch das Transferieren auf das Blech ein wenig aus der Form gerät und eine kleine Menge Fülle austritt, so lässt sich dies am Blech leicht korrigieren, außerdem verbäckt sich der Strudel wieder mit der Fülle.
- Wenn Sie es gerne fleischlicher möchten, so wandeln Sie die Fülle wie folgt ab:
- 250 g Kalbs-Hackfleisch (anstelle des Tofu)
- etwas Sahne
- das Kalbfleisch und die Sahne cremig pürieren und unter die Gemüsemasse mischen, nachsalzen und mit Majoran nachwürzen

Nährwert

pro 100 g: 122 kcal
pro Portion: ca. 430 kcal

Kartoffeln

Kartoffeln sind reich an Vitaminen, Mineralstoffen und Stärke, die für den Körper sehr wertvoll ist. Sie sind zwar kalorienreicher als das Gemüse, aber geschickt kombiniert trotzdem keine „Dickmacher". Es müssen ja nicht immer Pommes sein! In Kombination mit Eiern und Gemüse, so wie in diesem Rezept, sind sie nicht nur köstlich, sondern stellen auch eine gesunde Mahlzeit dar.

Pilz-Gemüse-Strudel mit Steinpilzen und Rotkappen

(vegetarisch) ⏲⏲

Zutaten

für den Teig:

250 g Mehl glatt (Typ W 700)
1 Prise Salz
250 g Margarine oder Butter
250 g Quark

für die Fülle:

1 Bund Jungzwiebeln
1 mittelgroße Karotte
1 Bund Petersilie
500 g Rotkappen (ersatzweise braunhütige Champignons)
100 g frische Steinpilze (oder 50 g getrocknete)
evtl. etwas klare Gemüsesuppe (siehe Rezept Seite 58)
2 EL Olivenöl
30 g Butter
Salz
Pfeffer
Oregano
ca. 1 KL Balsamico-Essig
500 g Tofu natur
1 Ei
3 EL Sahne
4 EL Vollkornbrösel
1 Eiklar und 1 Ei zum Bestreichen
evtl. Petersilie zum Bestreuen
evtl. Blattsalat

Zubereitung: 2 Stunden

- Backrohr auf 200 °C vorheizen

Teig:

- Mehl in eine Schüssel sieben und salzen
- Margarine oder Butter klein schneiden und zufügen, mit den Händen gut mit dem Mehl vermischen
- Quark zufügen und alles zusammen rasch zu einem glatten Teig kneten
- Teig in Alufolie geben und im Kühlschrank 1 Stunde rasten lassen

Fülle:

- Jungzwiebeln und Karotte putzen bzw. schälen und fein zerkleinern, Petersilie hacken
- Pilze ebenfalls putzen, falls nötig waschen und in kleinere Stücke schneiden
- falls getrocknete Steinpilze verwendet werden, diese vor dem Einweichen in Wasser oder klarer Gemüsesuppe grob zerbrechen, dann ca. 5 Minuten einweichen
- Olivenöl und Butter in einer Pfanne erhitzen
- Gemüse und Pilze beifügen, durchrösten, salzen, pfeffern und Oregano zufügen
- falls eingeweichte Steinpilze verwendet werden, gibt man diese samt der Einweichflüssigkeit dazu
- falls die verwendeten frischen Pilze nicht gewaschen wurden oder wenig Saft lassen, fügt man etwas Wasser oder klare Gemüsesuppe hinzu
- Balsamico-Essig beigeben und das Ganze dünsten, bis der Saft eingezogen ist
- gehackte Petersilie untermengen und beiseite stellen
- Tofu grob zerkleinern und mit dem Ei und der Sahne pürieren
- Tofu-Gemisch zur Pilz-Gemüse-Masse geben, gut durchmischen und die Brösel zufügen, eventuell nachsalzen (die Masse soll formbar und nicht cremig oder gar flüssig sein, falls sie zu weich ist, gibt man noch Brösel dazu)

- Teig auf einem bemehlten Brett ca. 5 mm dick ausrollen und an den Rändern mit Eiklar bestreichen
- Fülle in die Mitte geben und so formen, dass ein hoher Block entsteht
- Teig darüberschlagen und fest andrücken, besonders an den Enden
- Strudel auf ein mit Backtrennpapier ausgelegtes Backblech legen und mit verschlagenem Ei bestreichen, mit kaltem Wasser bespritzen und in das vorgeheizte Backrohr schieben
- zuerst 5 Minuten bei 200 °C backen, dann die Hitze auf 180 °C reduzieren und den Strudel ca. 30 Minuten goldbraun backen
- aus dem Backrohr nehmen und überkühlt aufschneiden, noch warm zusammen mit Blattsalat oder auch nur mit Petersilie garniert servieren

Weinempfehlung: leichter Rotwein

Dieser Pilzstrudel schmeckt auch kalt sehr gut und stellt bei einem Buffet sicherlich den Mittelpunkt dar.

Tipp

- Wenn Sie den Teig am Vorabend zubereiten, haben Sie am Tag des Verzehrs weniger Arbeit.
- Auch dieser Strudel lässt sich für Fleischtiger abwandeln (er wird dann allerdings üppiger und cholesterinreicher):
- 500 g gemischtes Hackfleisch (anstelle des Tofu)
- die Sahne weglassen
- das Ei dem Hackfleisch zufügen und die Pilz-Gemüse-Masse untermengen
- Eine weitere Fleischtiger-Variante, aber mager:
- 500 g Puten-Hackfleisch
- mit der im Rezept angegebenen Sahne und dem Ei nochmals fein pürieren

Nährwert

pro 100 g: 178 kcal
pro Portion: ca. 560 kcal

Gemüse

Gemüse sollte täglich auf dem Speiseplan stehen. Es ist nicht nur köstlich und vielfältig im Geschmack, sondern liefert wertvolle Vitamine, Mineralstoffe und Ballaststoffe. Außerdem ist es kalorienarm.

Hirse-Gemüse-Laibchen mit Steinpilzpulver (vegetarisch) ⏲

Zutaten für ca. 20 Laibchen

250 g Hirse
1/8 l Wasser
1/8 l Vollmilch
Salz
100 g Lauch
100 g Karotte
60 g Butter
100 g Erbsen (Tiefkühlware)
50 g Pilzpulver (Steinpilze)
1/8 l klare Gemüsesuppe (siehe Rezept Seite 58)
1/8 l Sahne
300 g Tofu
2 Eier
80 g Brösel
1 Ei zum Bestreichen

Zubereitung: ca. 1 1/2 Stunden

- Backrohr auf 180 °C Heißluft vorheizen
- Hirse kalt waschen und in Wasser mit Vollmilch und 1/2 TL Salz kochen, bis die Flüssigkeit verdampft ist, dann bei geschlossenem Deckel ca. 15 Minuten nachquellen lassen, auskühlen lassen
- Lauch und Karotte putzen, Lauch klein schneiden, Karotte reiben
- Butter zerlassen und Lauch, Karotten, Erbsen und Pilzpulver zufügen, salzen und Suppe zugeben
- kurz durchdünsten und Sahne zufügen, nicht ganz einkochen lassen
- Gemüse in eine entsprechend große Schüssel geben, überkühlte Hirse zufügen und gut durchmischen
- Tofu zerkleinern und mit den Eiern kräftig unter die Hirse-Gemüse-Masse mischen
- Brösel zufügen (die Masse soll gut formbar, aber nicht zu weich sein)
- jeweils einen gehäuften EL voll Masse mit nassen Händen zu einem Laibchen formen, diese auf ein mit Backtrennpapier ausgelegtes Blech legen und mit verquirltem Ei bestreichen
- 30 Minuten bei 180 °C Heißluft backen

Beilagenempfehlung: Feldsalat oder ein anderer Blattsalat

Weinempfehlung: leichter bis mittelschwerer Rotwein, Landwein

Diese Pilzlaibchen sind besonders fein. Das Gemüse harmoniert perfekt mit dem Aroma der Steinpilze.

Nährwert

pro 100 g: 180 kcal
pro Portion: 360 kcal

Bunter Reis mit gebratenen Tintlingen (vegetarisch) ⓘ

Zutaten

300 g Reis
250 g Tintlinge (ersatzweise junge Austernpilze)
2 TL gemahlener Rosmarin
ca. 6 EL Olivenöl zum Braten
Salz
100 g Karotte
1 EL getrocknete Berberitzen (ca. 10 g)
50 g Jungzwiebel
30 g Butter
ca. 1/8 l Mineralwasser
50 g Erbsen (Tiefkühlware)
einige Blättchen Petersilie zum Garnieren

Zubereitung: 30 Minuten

- Backrohr auf 150 °C vorheizen und Teller darin anwärmen
- Reis in reichlich Wasser bissfest kochen und in einem geschlossenen Topf nachquellen lassen bzw. warm halten
- Pilze putzen, halbieren, mit dem gemahlenen Rosmarin bestreuen und in Olivenöl unter Rühren 10 Minuten braten
- danach leicht salzen, auf einer Serviette abtropfen lassen und im vorgeheizten Backrohr bei 150 °C ca. 5 Minuten nachgaren
- Karotte schälen und fein reiben
- Berberitzen mit heißem Wasser waschen und in einem Sieb abtropfen lassen
- Jungzwiebel putzen und in Ringe schneiden
- Butter in einer Pfanne erhitzen und Jungzwiebel darin anschwitzen
- geriebene Karotte zufügen, salzen und kurz erhitzen
- etwa die Hälfte des Mineralwassers zufügen und das Ganze 5 Minuten kochen
- danach die tiefgekühlten Erbsen und die Berberitzen dazugeben und mit etwas Mineralwasser (nach Bedarf) aufgießen, nochmals ca. 5 Minuten kochen
- den gekochten Reis zufügen und gut durchmischen, eventuell nachsalzen
- das Gericht auf vorgewärmten Tellern anrichten, mit den gebratenen Tintlingen krönen und mit einigen Blättchen Petersilie garnieren

Weinempfehlung: Rotwein wie etwa Chianti

Schnell und einfach, aber gesund und sehr schmackhaft.

Nährwert

pro 100 g: 208 kcal
pro Portion: 510 kcal

Tintling

Der Tintling zeigt blutzuckersenkende Wirkung.

Laibchen mit getrockneten Totentrompeten (vegetarisch) ⓘ

Zutaten für ca. 20 Laibchen
300 g Brötchen vom Vortag (ca. 6 Stück)
50 g getrocknete Totentrompeten
100 g Zwiebel
60 g Butter
Salz
1/8 l klare Gemüsesuppe (siehe Rezept Seite 58)
3/8 l Milch
3 Eier
Muskatnuss
schwarzer Pfeffer
2 EL getrockneter Majoran
1 Bund gehackte Petersilie
3 EL Mehl glatt (Typ W 700)
1 Ei zum Bestreichen
etwas Petersilie zum Garnieren

Zubereitung: ca. 1 1/2 Stunden

- Backrohr auf 180 °C Heißluft vorheizen
- Brötchen in nicht zu große Würfel schneiden und in eine entsprechend große Schüssel geben
- Totentrompeten zu grobem Pulver zerkleinern
- Zwiebel fein hacken
- Butter in einer Pfanne schmelzen und gehackten Zwiebel kurz andünsten, Pilzpulver, etwas Salz, Pfeffer und Suppe zufügen, 5 Minuten kochen lassen und anschließend über die Brötchenwürfel geben
- Milch mit Eiern versprudeln, Muskatnuss, Salz und getrockneten Majoran zufügen und über die Brötchenwürfel geben
- Petersilie fein hacken und ebenfalls zugeben, alles gut durchmischen und 20 Minuten ziehen lassen
- nach dieser Zeit das Mehl zugeben und gut untermischen – es soll eine formbare, aber nicht zu weiche Masse entstehen
- jeweils einen gehäuften EL voll Masse mit nassen Händen zu einem Laibchen formen, diese auf ein mit Backtrennpapier ausgelegtes Blech legen und mit verquirltem Ei bestreichen
- 30 Minuten bei 180 °C Heißluft backen
- mit Petersilie garniert servieren

Beilagenempfehlung: Zucchini-Karotten-Gemüse (siehe Rezept Seite 133)

Weinempfehlung: leichter bis mittelschwerer Rotwein, Landwein

Nährwert
pro 100 g: 148 kcal
pro Portion ohne Beilagen: ca. 300 kcal
pro Portion mit Zucchini-Karotten-Gemüse: 336 kcal

Kochen mit Totentrompeten

- Totentrompeten haben einen intensiven Pilzgeschmack, der durch das Trocknen noch verstärkt wird. Sie sind deshalb entsprechend maßvoll einzusetzen und haben fast schon den Charakter von Würzpilzen. In den Rezepten sind sie durch keine anderen Pilze ersetzbar.
- Totentrompeten halten sich im Gemüsefach des Kühlschranks mindestens eine Woche lang frisch, vorausgesetzt, man lässt sie etwas abtrocknen, sollten sie nass und schwarz sein.
- Totentrompeten passen hervorragend zu hellem Fleisch wie Kalb, Huhn oder Fisch. Auch zu Nudeln und Risotto sind sie delikat. Sie eignen sich ideal zum Mischen mit aromaschwachen Kulturpilzen wie etwa dem Champignon. Saucen und Suppen kann man mehr Charakter verleihen, wenn man dem Gericht zerkleinerte Totentrompeten zugibt.
- Passende Zutaten:
- Sahne, Crème fraîche und Sauerrahm
- Gewürze wie Muskatnuss, Knoblauch, Majoran
- Bitte nicht verwenden: Weißwein oder andere säuernde Zutaten wie Essig oder Zitrone!
- Für die Totentrompeten ist das Einfrieren bedeutungslos, weil sie sich hervorragend zum Trocknen eignen. Die Pilze erhalten dadurch einen intensiveren Geruch, einerseits nach Pilzen, andererseits leicht säuerlich, der ganz eigen ist. Man trocknet sie am besten im Ganzen und bewahrt sie dann gut verschlossen auf. Bei der Zubereitung genügt es, sie kurz in warmem Wasser einzuweichen.

Brathuhn mit Pilz-Fülle aus Totentrompeten ⏲

Zutaten

1 küchenfertiges Brathuhn, ca. 1,50 kg
Salz
gemahlener Rosmarin
3 EL Olivenöl
5 Knoblauchzehen
5 Zweige frisches Rosmarin, ca. 10 cm lang
1/2 l Rotwein
1/2 l Wasser

Für die Fülle:

3 Brötchen vom Vortag
100 g Jungzwiebel
20 g getrocknete Totentrompeten
1/4 l warmes Wasser zum Einweichen der Pilze
1/2 Bund Petersilie
2 Knoblauchzehen
2 EL Olivenöl
Salz
1 Ei
1/8 l Milch
Muskatnuss
2 EL Mehl glatt (Typ W 700)

Petersilie zum Garnieren

Zubereitung: ca. 2 Stunden

- Backrohr auf 180 °C vorheizen

Fülle:

- Brötchen in kleine Würfel schneiden, Jungzwiebel klein schneiden
- Totentrompeten grob zerkleinern und in einem Gefäß mit warmem Wasser übergießen, ca. 5 Minuten weichen lassen
- Petersilie fein hacken, Knoblauch schälen und pressen
- Olivenöl erhitzen und Jungzwiebel samt Knoblauch darin rösten
- Totentrompeten samt Einweichwasser zugeben, salzen und ca. 1 Minute dünsten
- fein gehackte Petersilie zufügen, kurz mitdünsten und alles zusammen über die Brötchenwürfel geben
- Ei mit Milch, Salz und Muskatnuss verquirlen und über die Masse gießen
- mit beiden Händen gut durchkneten und 15 Minuten ziehen lassen
- das Mehl zufügen und verarbeiten

- Huhn waschen, innen und außen salzen und mit reichlich gemahlenem Rosmarin einreiben
- Fülle in den Bauchraum hineinpressen und Öffnung mit Zwirn und einigen Nadelstichen zunähen
- restliche Fülle unter die Haut am Hals stopfen (hier lässt sich die Haut relativ leicht abheben, und man kann die Fülle gut einbringen)
- Olivenöl in einer großen Pfanne erhitzen und in Scheiben geschnittenen Knoblauch samt ganzen Rosmarinzweigen darin rösten
- Huhn hineinlegen und beidseitig anbraten
- Huhn herausnehmen und in eine Bratform legen
- Bratenrückstand in der Pfanne mit Rotwein und Wasser löschen und zum Huhn in die Bratform geben
- Huhn unter häufigem Begießen bei 180 °C 1 1/2 Stunden braten und dann 10 Minuten im ausgeschalteten Backrohr rasten lassen
- Huhn aus dem Saft heben, Saft in einen Topf abseihen und gegebenenfalls erhitzen
- Zwirn entfernen und Huhn tranchieren
- Fülle in gefällige Stücke schneiden
- mit Petersilie garniert zusammen mit dem Saft servieren

Beilagenempfehlung: Weißbrot und Blattsalat

Weinempfehlung: leichter bis mittelschwerer Rotwein oder kräftiger Weißwein wie etwa Chardonnay oder Neuburger

Tipp

Die Fülle kann mit anderen getrockneten Pilzen (Steinpilze, gemischte Röhrlinge) variiert werden. Rezepte für Füllen mit frischen Pilzen finden Sie auf den Seiten 88 und 89.

Nährwert

pro 100 g: 161 kcal
pro Portion: ca. 500 kcal

Risotto mit Totentrompeten
(vegetarisch) ①

Zutaten für 2 Portionen
1 EL Olivenöl
300 g Risotto-Reis
2 EL Pilzpulver aus getrockneten Totentrompeten (ca. 20 g)
Salz
7/8 l klare Gemüsesuppe (siehe Rezept Seite 58)
1/16 l Sahne
2 EL Olivenöl
100 g frische Totentrompeten
50 g Schalotten
Salz
1 EL gehackte Petersilie

Zubereitung: ca. 30 Minuten
- Olivenöl in einen großen Topf geben und Reis darin anlaufen lassen
- Pilzpulver und Salz zufügen
- unter ständigem Rühren einen Schöpfer Suppe zugeben und so lange rühren, bis der Reis die Flüssigkeit aufgenommen hat, dann erst den nächsten Schöpfer Suppe zugeben
- so fortfahren, bis die Suppe verbraucht ist (dauert ca. 20 Minuten)
- abschließend die Sahne zufügen und ebenso unter Rühren einziehen lassen
- für die Garnitur die frischen Totentrompeten putzen, aber ganz lassen
- Schalotten schälen und klein schneiden
- Olivenöl erhitzen und Schalotten darin dünsten
- Totentrompeten zufügen, salzen und ca. 15 Minuten dünsten, bis der Saft weitgehend eingezogen ist
- die gegarten Schalotten und Totentrompeten gefällig um das Risotto anrichten, mit Petersilie bestreut servieren

Beilagenempfehlung: Zucchini-Karotten-Gemüse (siehe Rezept Seite 133)

Weinempfehlung: leichter Rotwein

Ein Risotto mit der Farbe von Trüffeln und dem elegant-kräftigen Geschmack der Totentrompeten. Es mit Steinpilzpulver und frischen Steinpilzen zuzubereiten, stellt eine sanfte, fast blumige Variante dar.

Nährwert
pro 100 g: 70 kcal
pro Portion ohne Beilage: ca. 238 kcal
pro Portion mit Zucchini-Karotten-Gemüse: 274 kcal

Brennnessel-Spinat

Zutaten

500 g Brennnesseln
1 1/2 l Wasser zum Blanchieren
2 EL Olivenöl
Salz
Muskatnuss
3/8 l Hühnersuppe (siehe Rezept Seite 58)
2 EL Crème fraîche

Zubereitung: ca. 20 Minuten

- Brennnesseln waschen und etwa 5 Minuten blanchieren, abseihen, kalt abschrecken und gut ausdrücken
- Brennnesseln grob hacken
- Olivenöl erhitzen und gehackte Brennnesseln darin dünsten, würzen und mit der Suppe aufgießen
- so lange dünsten, bis die Flüssigkeit fast ganz eingezogen ist
- pürieren und mit Crème fraîche verfeinern

Tipp

Ersatzweise kann man für dieses Rezept Mangold oder Spinat verwenden.

Nährwert

pro 100 g: 35 kcal
pro Portion: 53 kcal

Grüne Nudeln an Kräutertomaten (vegetarisch)

Zutaten

250 g grüne Nudeln
Salzwasser
10 Cocktail-Tomaten
3 frische Rosmarinzweige
12 frische Basilikumblätter
2 EL Olivenöl
Salz

Zubereitung: 20 Minuten

- Nudeln in reichlich Salzwasser bissfest kochen
- Cocktail-Tomaten samt der Haut halbieren
- Rosmarinblätter von den Zweigen abstreifen und fein hacken, Basilikumblätter ebenfalls fein hacken
- Olivenöl erhitzen und frische Kräuter zusammen mit den Cocktail-Tomaten etwa 10 Minuten rösten, salzen
- über die bissfest gekochten Nudeln geben und servieren

Nährwert

pro 100 g: 229 kcal
pro Portion: 275 kcal

Grüner Nudelteig
🕔

Zutaten

200 g Mehl glatt (Typ W 700)
50 g Hartweizengrieß
100 g passierter Spinat (Tiefkühlware, aufgetaut)
1/2 TL Salz
2 Eier
2 Eidotter
1 TL Olivenöl
evtl. etwas Wasser

Zubereitung: ca. 1 1/4 Stunden

- aus den Zutaten einen weichen, aber nicht klebrigen Nudelteig zubereiten, gut kneten und 1/2 Stunde rasten lassen
- am besten mit der Nudelmaschine Bandnudeln (Stärke 5) herstellen, was sehr gut und auch rasch gelingt
- besitzt man keine Nudelmaschine, halbiert man den Nudelteig und walkt die Stücke auf einem bemehlten Brett etwa messerrückendick aus, dann Bandnudeln schneiden
- Nudeln in Salzwasser bissfest kochen und dabei öfter umrühren, damit sie nicht verkleben
- abseihen, kurz abschrecken und servieren

Nährwert

pro 100 g: 221 kcal
pro Portion: ca. 296 kcal

Karotten-Lauch-Kohl-Gemüse
(vegetarisch) 🕔

Zutaten

300 g Karotten
Salzwasser
200 g Lauch
50 g Kohl
3 EL Olivenöl
Salz
1 TL frisch gemahlener Koriander
1/8 l klare Gemüsesuppe (siehe Rezept Seite 58)

Zubereitung. ca. 20 Minuten

- Karotten in 5 cm lange und 1 cm breite Streifen schneiden und in Salzwasser bissfest kochen
- Lauch in Ringe schneiden
- Kohl in 5 cm lange und 1/2 cm breite Streifen schneiden
- Olivenöl erhitzen und Lauchringe und Wirsingstreifen darin dünsten, Salz, Koriander und Suppe zufügen, das Gemüse bissfest kochen
- die gekochten Karottenstreifen zufügen, alles mischen und heiß servieren

Nährwert

pro 100 g: 65 kcal
pro Portion: 98 kcal

Tipp

Diese köstliche Beilage sollte durchaus öfter auf dem Speisezettel stehen. Die kombinierten Gemüsearten, speziell die Karotten und der Kohl, sind reich an einem speziellen Vitamin, dem Provitamin A oder Beta-Carotin. Diesem wird eine wichtige Schutzfunktion gegen Krebsentstehung zugesprochen.
Es soll das Risiko senken, an Magen- und Lungenkrebs zu erkranken.

Karotten-Sellerie-Püree

Zutaten

400 g Karotten
150 g Sellerie
30 g Butter
Salz
1/4 l kräftige Hühnersuppe (siehe Rezept Seite 58)
ca. 1/4 l Wasser

Zubereitung: 30 Minuten

- Karotten und Sellerie schälen und in kleine Stücke schneiden
- Butter schmelzen und Gemüse darin dünsten, salzen und mit Suppe und Wasser aufgießen
- zugedeckt weich dünsten, bis die Flüssigkeit weitgehend verdampft ist
- pürieren und heiß servieren

Tipp

Dieses Püree kann auch mit Suppe und Sahne verdünnt werden und ergibt dann eine köstliche Gemüsesuppe.

Nährwert

pro 100 g: 51 kcal
pro Portion: 77 kcal

Petersilienkartoffeln

Zutaten

500 g Kartoffeln (fest kochende Sorte)
1 Bund gehackte Petersilie
ca. 50 g Butter
Salz

Zubereitung: ca. 15 Minuten

- Kartoffeln in der Schale weich kochen, pellen und mit der gehackten Petersilie in zerlassener Butter schwenken

Nährwert

pro 100 g: 113 kcal
pro Portion: 170 kcal

Schlehen

Schlehen sind nicht nur nach dem ersten natürlichen Frost gut zu verarbeiten, sondern auch, wenn man sie schon davor pflückt und einfriert oder einfach einige Tage bei Zimmertemperatur liegen lässt. Beides macht sie weicher und im Geschmack sanfter. Schlehen enthalten relativ viel von den geschmacklich ein wenig strengen Gerbstoffen, die aber gleichzeitig gegen Appetitlosigkeit und leichten Durchfall wirken.

Schlehenkonfit

Zutaten

1 kg Schlehen (samt Kernen) (750 g Roheinwaage ohne Kern)
1/4 l und 1/2 l Wasser
1 Prise Zitronensäure
250 g Zwetschken oder Reineclauden (Roheinwaage ohne Kern)
1 Päckchen Gelierhilfe für zuckersparende Marmeladen
500 g Zucker oder Fruchtzucker

Zubereitung: ca. 1 Stunde

- Schlehen waschen und im Ganzen verarbeiten, in einen großen Topf geben und 1/4 l Wasser zugeben
- etwa 10 Minuten unter Rühren kochen, danach durch ein Sieb passieren
- Rückstand mit 1/2 l Wasser nochmals etwa 10 Minuten aufkochen und erneut passieren, passiertes Schlehenmus auskühlen lassen
- Zwetschken oder Reineclauden entsteinen, klein schneiden und mit etwas Zitronensäure bestreuen
- Schlehenmus mit klein geschnittenen Zwetschken/ Reineclauden mischen und Gelierhilfe sowie Zucker nach Packungsanleitung zufügen
- Marmelade vorschriftsmäßig kochen, in saubere Gläser füllen, heiß verschließen und umgedreht (auf dem Deckel stehend) auskühlen lassen.

Dieses Schlehenkonfit ist eine herb-süße Beilage zu Wild oder Rindsbraten. Es schmeckt aber auch ausgezeichnet aufs Vollkornbrot zum Frühstück.

Nährwert

pro 100 g: 113 kcal
pro Portion (etwa 35 g): 40 kcal

Safran-Bärlauch-Sauce

Zutaten für 4–6 Portionen

1 Hand voll Bärlauch (etwa 100 g)
2 EL Olivenöl
Salz
1 TL Mehl glatt (Type W 700)
1/8 l Gemüse- oder Hühnersuppe (siehe Rezepte Seite 58)
ca. 10 Safranfäden
1/16 l Weißwein

Zubereitung: ca. 20 Minuten

- Bärlauch feinnudelig schneiden und in Olivenöl anschwitzen, salzen, mit Mehl bestäuben und mit Suppe ablöschen
- Safran zerkleinern, im Weißwein auflösen und zugeben, etwa 5 Minuten kochen

Nährwert

pro 100 g: 114 kcal
pro Portion: 61 kcal

Bärlauch

Bärlauch sollte man nur pflücken, wenn man ihn sicher von den giftigen Doppelgängern wie Maiglöckchen und Herbstzeitlose unterscheiden kann. Er wird darüber hinaus im Frühling auch als Marktgemüse angeboten.
Die Wirkung von Bärlauch auf den Körper ist ähnlich jener von Knoblauch. Er senkt den Cholesterinspiegel und wirkt gegen Entzündungen.
Im angegebenen Rezept ist der Bärlauch durch nichts ersetzbar. Man kann die Safransauce allerdings auch ohne den Bärlauch zubereiten, wofür man den Safran in der im Rezept angegebenen Menge Suppe auflöst und mit Weißwein aufkocht. Danach fügt man 1/4 l Sahne zu und kocht die Sauce leicht cremig ein.

Serviettenknödel

Zutaten
5 Brötchen vom Vortag
60 g Butter
3/16 l Milch
3 Eidotter
3 Eiklar
Salz

Fett für die Alufolie

Zubereitung: ca. 1 Stunde
- Brötchen grob entrinden und klein schneiden, in einer Schüssel mit der zerlassenen Butter übergießen
- Milch salzen und Eidotter darin versprudeln, über die Brötchenwürfel geben, gut durchmischen und 30 Minuten ziehen lassen
- Eiklar mit etwas Salz zu steifem Schnee schlagen und unter die Masse mengen
- 2 Stück Alufolie mit Fett bestreichen
- aus der Brötchenmasse 2 schmale Wecken formen, in die Alufolie oder in eine mit Fett bestrichene Serviette wickeln und in kochendem Salzwasser 20 Minuten ziehen lassen
- portionieren und servieren

Nährwert
pro 100 g: 181 kcal
pro Portion: 362 kcal

Spritz- und Brioche-Kartoffeln

Zutaten
500 g mehlige Kartoffeln
30 g Butter
2 Eidotter
1 Eiklar
Salz
Muskatnuss
1 Ei zum Bestreichen

Zubereitung: etwas mehr als 1 Stunde
- Kartoffeln schälen, vierteln, in Salzwasser kernig garen, Wasser abseihen und Kartoffeln gut ausdampfen lassen
- noch heiß durch ein feines Sieb passieren (ist zwar aufwändiger, als mit der Kartoffelpresse zu arbeiten, verhindert aber Kartoffelklümpchen, die die Tülle des Spritzsackes verlegen)
- in die Kartoffelmasse weiche Butter, Eidotter, Eiklar, Salz und Muskatnuss einarbeiten – die Masse soll nicht zu fest sein, will man sie zu Spritzkartoffeln verarbeiten, muss man eventuell noch etwas Eiklar beifügen
- die weiche und unbedingt klümpchenfreie Masse in einen Spritzsack mit Sterntülle füllen und kleine Krapfen auf ein mit Backtrennpapier ausgelegtes Backblech dressieren
- die erkalteten Krapfen mit verklopftem Ei bestreichen und im vorgeheizten Backrohr bei 180 °C 20 Minuten lang goldbraun backen

- für Brioche-Kartoffeln aus der Masse eine dünne Rolle formen und gleich große Stücke schneiden, aus den Stücken ca. 3–4 cm große Kugeln formen
- die Kugeln auf ein mit Backtrennpapier ausgelegtes Backblech legen und am oberen Ende kreuzweise einschneiden
- die erkalteten Kartoffelkugeln mit verklopftem Ei bestreichen und im vorgeheizten Backrohr bei 180 °C 20 Minuten goldbraun backen

Nährwert
pro 100 g: 118 kcal
pro Portion: 193 kcal

Tomaten-Ragout mit Stangensellerie (vegetarisch) ⓘ

Zutaten

150 g Karotten
70 g Stangensellerie
100 g Jungzwiebel
2 EL Olivenöl
1/8 l klare Gemüsesuppe (siehe Rezept Seite 58)
300 g frisches Tomatenfruchtfleisch oder Tomatenstücke aus der Dose
Salz

Zubereitung: ca. 20 Minuten

- Karotten schälen und fein reiben
- Stangensellerie und Jungzwiebel klein schneiden
- Olivenöl erhitzen und Jungzwiebel, Stangensellerie und geriebene Karotten darin dünsten, mit Suppe aufgießen
- Tomatenfruchtfleisch zufügen, salzen und unter häufigerem Umrühren 10–15 Minuten weich dünsten

Nährwert

pro 100 g: 42 kcal
pro Portion: 64 kcal

Zucchini-Karotten-Gemüse (vegetarisch) ⓘ

Zutaten

250 g Zucchini
150 g Karotten
1 l Blanchierwasser
1 EL Olivenöl
20 g Butter
Salz

Zubereitung: ca. 15 Minuten

- Zucchini grob schälen und in gleichmäßige Streifen schneiden
- Karotten schälen und ebenfalls in gleichmäßige Streifen schneiden
- Gemüse in kochendem Wasser bissfest blanchieren
- anschließend in Olivenöl-Butter-Gemisch schwenken, salzen

Nährwert

pro 100 g: 24 kcal
pro Portion: 36 kcal

Exotic Mushrooms
(VEGETARISCH) 🕐

Zutaten
150 g weiße Champignons (jung, klein, geschlossen)
300 g frische Ananas (Stücke)
250 g frische Mango (Stücke)
Saft von 1 Limone
3/16 l Wasser
2 EL Madeira
4 EL Akazienhonig
25 g Kokosraspel zum Bestreuen
Limonenschale
4 Stück Physalis zur Garnitur

Zubereitung: 25 Minuten
- Champignons putzen, waschen und in 3–4 mm dicke Scheiben schneiden
- Ananas und Mango schälen und in gefällige Stücke schneiden
- Limonensaft mit Wasser, Madeira und Akazienhonig mischen
- Champignons in dieser Mischung 15 Minuten kochen, herausheben und beiseite stellen
- die verbliebene Flüssigkeit erhitzen und etwas reduzieren, Ananas- und Mangostücke zufügen
- kurz erhitzen und mit den Champignons gefällig auf Desserttellern anrichten
- mit Kokosraspel bestreuen, mit Limonenschale und Physalis verziert servieren

Ein extravagantes Dessert, bei dem der Eigengeschmack der Pilze zwar erhalten bleibt, aber nicht aufdringlich ist. Die Kombination mit tropischem Obst liefert wichtige Aromastoffe, die das Gericht geschmacklich beleben, den Pilzcharakter aber nicht zerstören.

Weinempfehlung: Süß- bzw. Dessertwein, Sekt oder Champagner

Tipp
Für einen intensiveren Geschmack kann man die Kokosraspel goldgelb rösten.

Nährwert
pro 100 g: 68 kcal
pro Portion: 136 kcal

Marzipan-Pilze

Ⓛ

Zutaten

FÜR DAS WALNUSS-MARZIPAN:

100 g Walnusskerne
250 g Staubzucker
100 g ungeschälte Mandeln
1 Eiklar
1/2 Eiklar
etwa 100 g Staubzucker
rote Lebensmittelfarbe
Kakaopulver
100 g ausgelöste, ungesalzene Pistazien

Zubereitung: ca. 1 Stunde

WALNUSS-MARZIPAN:

- Walnüsse fein reiben und mit dem Staubzucker in einer Schüssel vermischen
- Mandeln blanchieren und schälen, anschließend fein reiben
- Mandeln mit den geriebenen Walnüssen und dem Staubzucker vermischen
- zuerst die Hälfte des Eiklars zufügen und mit den Händen die Masse gut durchkneten, danach tropfenweise das restliche Eiklar zugeben (je nach Größe des Eis benötigt man vielleicht nicht das ganze Eiklar)
- eine formbare, weiche Masse kneten, die aber nicht feucht-klebrig sein soll – ist sie zu feucht, noch etwas Staubzucker dazugeben
- 1/2 Eiklar und den Staubzucker mit einer Gabel mischen – ist die Glasur zu fest, noch etwas Eiklar dazugeben, ist sie zu flüssig, etwas Staubzucker
- 1/3 der Marzipan-Masse mit roter Lebensmittelfarbe nach Packungsanleitung färben
- für die Fliegenpilze weiße Stiele und rote Hüte formen und mit etwas Zuckerglasur aneinander kleben
- mittels Pergament-Tütchens kleine Tupfen weißer Zuckerglasur auf den Hut spritzen, trocknen lassen
- für die Steinpilze ebenfalls Hüte und Stiele formen und mit etwas Zuckerglasur aneinander kleben, antrocknen lassen und die Oberseite der Hüte in Kakaopulver tauchen
- Pistazienkerne hacken und die Marzipan-Pilze dekorativ daraufsetzen

Diese sündige Köstlichkeit ist wesentlich kalorienreicher als die anderen Desserts. Außerdem fehlen die gesunden Ballaststoffe. Aber sie stellt eine Liebeserklärung an die Pilze dar und ist als witzige Abwechslung zu den Desserts mit echten Pilzen gedacht.

Tipp

Wem das Herstellen des Walnuss-Marzipans zu aufwändig ist, der kann statt dessen auch 500 g Rohmarzipan für dieses Rezept verwenden.

Nährwert

pro 100 g: ca. 500 kcal

Aprikosen-Soufflé

🕐🕐

Zutaten

1 l Salzwasser
50 g Austernpilze
50 g getrocknete Aprikosen
20 g Rosinen
1/16 l Madeira (halbsüß) oder anderer Süßwein
50 g Butter
60 g Staubzucker
3 Eidotter
250 g Quark, 20 % F.i.T.
1 EL Mehl glatt (Typ W 700)
100 g Mehl glatt (Typ W 700)
3 Eiklar
40 g Kristallzucker
1 EL Stärkemehl
Staubzucker zum Bestreuen
1 EL gehackte Pistazien

Zubereitung: ca. 1 1/2 Stunden

- 1 l Wasser mit 1 TL Salz zum Kochen bringen
- Austernpilze putzen und klein schneiden
- in kochendem Salzwasser 5 Minuten blanchieren, dann abseihen und gut abtropfen lassen
- Aprikosen klein schneiden und mit den Rosinen in Madeira oder anderem Süßwein 30 Minuten lang einweichen, dann abseihen, leicht ausdrücken und abtropfen lassen
- Backrohr auf 180 °C Heißluft vorheizen
- 4 kleine Soufflé-Formen (1/8 l Fassungsvermögen) mit Fett ausstreichen, für das Backen im Wasserbad eine entsprechend große Bratpfanne etwa 3 cm hoch mit Wasser füllen
- Butter mit Zucker und Eidottern schaumig rühren, Quark zufügen
- eingeweichtes Trockenobst mit Austernpilzen mischen und mit 1 EL Mehl vermengen
- zusammen mit 100 g Mehl zum Quark-Butter-Abtrieb geben
- Eiklar mit Kristallzucker und Stärkemehl steif schlagen und unter die Masse ziehen, in die vorbereiteten Formen füllen und in das Wasserbad stellen
- im Backrohr bei 180 °C Heißluft 25 Minuten backen
- auf Dessertteller stürzen, mit Staubzucker bestreuen und mit gehackten Pistazien garniert servieren

Weinempfehlung: halbsüßer Sekt oder Dessertwein

Pilze und Trockenobst für eine Süßspeise zu verwenden, war früher selbstverständlich. Man nahm dazu beispielsweise Reizker, Trockenobst, Zimt und Zucker. Ich habe eine moderne, leichtere Variante kreiert, die Aprikosen mit Austernpilzen kombiniert. Das Ergebnis ist ein wahrhaft himmlisches Dessert, das locker, leicht und flaumig ist. Die Austernpilze verlieren durch das Blanchieren in Salzwasser weitgehend ihren Eigengeschmack – zusammen mit dem Trockenobst sind sie zwar da, aber angenehm und im Hintergrund. Überdies liefern sie wertvolle Ballaststoffe.

Tipp

Dieses Dessert ist auch kalt und am nächsten Tag gegessen noch immer ein Genuss.

Nährwert

pro 100 g: 216 kcal
pro Portion: 433 kcal

Helles Pilzbrot

(clock icon)(clock icon)

Zutaten

400 g Weizenmehl griffig (Typ W 480)
100 g Weizenmehl glatt (Typ W 700)
50 g Pilzpulver (Steinpilze oder halb Steinpilze/halb Mönchskopf)
30 g Hefe
1 EL Staubzucker
1/16 l lauwarmes Wasser
1 TL Salz
ca. 0,3 l lauwarmes Mineralwasser
Mehl zum Bestäuben

Zubereitung: ca. 2 1/2 Stunden

- Mehl mit Pilzpulver mischen und in der Mitte eine Mulde machen
- Hefe grob zerkleinern und hineingeben
- Zucker über die Hefe streuen und mit 1/16 l lauwarmem Wasser zu einem Vorteig (Dampfl) rühren
- zugedeckt so lange gehen lassen, bis die Oberfläche des Vorteiges deutlich Risse zeigt
- Salz zugeben, und zwar nicht direkt auf den Vorteig, sondern zum umgebenden Mehl
- schrittweise unter Zugabe von Mineralwasser zu einem mittelfesten Teig rühren und so lange mittels Knethaken des Mixers kneten, bis er sich vom Boden der Rührschüssel zu lösen beginnt
- noch kurz mit den Händen durchkneten, bis der Teig innen weniger klebrig zu werden beginnt – der Teig soll weich und gut formbar sein
- mit Mehl bestäuben und 1 Stunde gehen lassen
- Backrohr auf 180 °C vorheizen
- Teig auf bemehltes Brett geben und mit etwas Mehl nochmals auskneten
- zwei schmale Brote formen und auf ein mit Backtrennpapier ausgelegtes Backblech setzen, mit Wasser bestreichen
- zugedeckt nochmals an einem warmen Ort gehen lassen (Volumen soll sich ungefähr verdoppeln)
- im vorgeheizten Backrohr bei feuchter Hitze und 180 °C Heißluft etwa 1 Stunde backen, dabei mehrmals mit Wasser bestreichen
- noch heiß mit einem nassen Küchentuch bedecken und etwa 5 Minuten darunter lassen (dies erweicht die unter Umständen etwas härtere Kruste)

Tipp

Frisch schmeckt dieses Brot auch ohne Butter, gerade ausgekühlt ist es ein exquisiter Begleiter zu einem Glas Rotwein. Sehen Sie zu diesem Rezept auch die Tipps auf Seite 143.

Nährwert

pro 100 g: 191 kcal
pro Stück: 96 kcal

Kochen mit dem Mönchskopf

Der Mönchskopf ist im frischen Zustand hartfleischig bis zäh und nur gut gekocht als Suppenpilz zu empfehlen. Er eignet sich jedoch hervorragend zum Trocknen und ergibt ein fast weißes, aromatisches Pilzpulver, das für die Herstellung von hellen Aufstrichen, Saucen und weißem Pilzbrot ideal ist.

Kräftiges Pilzbrot

Zutaten

300 g Vollweizenmehl
200 g Weizenmehl griffig (Typ W 480)
50 g Pilzpulver aus gemischten Röhrlingen und Totentrompeten
30 g Hefe
1 TL Salz
1 EL Zucker
1/2 TL gemahlene Muskatnuss
1 TL gemahlener Koriander
1/16 l lauwarmes Wasser
ca. 0,35 l lauwarmes Mineralwasser

Zubereitung: ca. 2 1/2 Stunden

- Mehl mit Pilzpulver und Gewürzen mischen, aber nicht salzen, und in der Mitte eine Mulde machen
- weitere Zubereitung siehe Seite 140: „Helles Pilzbrot"

Dieses Brot ist die kräftige, vollmundige Variante des sanfteren, hellen Pilzbrotes. Ein kräftiger Rotwein vom Typ eines italienischen Chianti ist der ideale Partner. Frisch aus dem Backrohr und eben ausgekühlt, ist es eine Delikatesse. Es schmeckt aber auch getrocknet als würzige Knabberei besonders interessant.

Tipp

Sehen Sie zu diesem Rezept auch die Tipps auf Seite 143.

Nährwert

pro 100 g: 174 kcal
pro Stück: 87 kcal

Pilzbrötchen

Ⓛ Ⓛ

Zutaten

500 g Weizenmehl griffig (Typ W 480)
200 g Vollweizenmehl
1 EL gemahlener Rosmarin
50 g Steinpilzpulver
30 g frische Hefe (Germ)
1 EL Staubzucker
1/16 l lauwarmes Wasser
1/2 TL Salz
1 TL Kräutersalz
ca. 3/4 l lauwarmes Mineralwasser
Mehl zum Bestäuben
1 EL Olivenöl
10 EL lauwarmes Wasser

Zubereitung: ca. 2 1/2 Stunden

- Mehl mit Rosmarin und Pilzpulver mischen und in der Mitte eine Mulde machen
- Hefe grob zerkleinern und hineingeben
- Zucker über die Hefe streuen und mit 1/16 l lauwarmem Wasser zu einem Vorteig (Dampfl) rühren
- zugedeckt so lange gehen lassen, bis die Oberfläche des Vorteiges deutlich Risse zeigt
- Salz und Kräutersalz zugeben, und zwar nicht direkt auf den Vorteig, sondern zum umgebenden Mehl
- schrittweise unter Zugabe von Mineralwasser zu einem mittelfesten Teig rühren und so lange mittels Knethaken des Mixers kneten, bis er sich vom Boden der Rührschüssel zu lösen beginnt
- noch kurz mit den Händen durchkneten, bis der Teig innen weniger klebrig zu werden beginnt – der Teig soll weich und gut formbar sein
- mit Mehl bestäuben und 1 Stunde gehen lassen
- Backrohr auf 180 °C vorheizen
- Teig auf bemehltes Brett geben und mit etwas Mehl nochmals auskneten
- Teig in 16 gleich große Stücke teilen, daraus Kugeln formen, flach drücken und kreuzweise einschneiden
- Pilzbrötchen auf ein mit Backtrennpapier ausgelegtes Backblech setzen und mit einem Gemisch aus Olivenöl und Wasser bestreichen
- nochmals an einem warmen Ort gehen lassen (Volumen soll sich ungefähr verdoppeln)
- im vorgeheizten Backrohr bei feuchter Hitze und 180 °C Heißluft 45 Minuten backen, dabei mehrmals mit Wasser-Olivenöl-Gemisch bestreichen
- noch heiß mit einem nassen Küchentuch bedecken und etwa 5 Minuten darunter lassen (dies erweicht die unter Umständen etwas härtere Kruste)

Frisch und gerade ausgekühlt, sind diese Brötchen eine Köstlichkeit zu einem Glas Rotwein. Butter unterstreicht ihre Feinheit, ist aber nicht unbedingt nötig.

Nährwert

pro 100 g: 152 kcal
pro Stück: 76 kcal

Tipps

- Feuchte Hitze im Backrohr erreicht man, indem man großzügig Wasser auf das Backblech spritzt. Während des Backens wiederhole ich diesen Vorgang. Wem dies zu mühsam ist, der kann auch ein Gefäß mit Wasser in das Backrohr stellen, am besten eines mit einer großen Öffnung, damit reichlich Wasser verdunsten kann.
- Brot und Brötchen, die mit Pilzpulver zubereitet werden, gehen extrem freudig auf. Ich vermute, dass im Pilzpulver diverse Mineralstoffe oder Vitamine vorhanden sind, die der Hefe besonders behagen. Daher nicht erschrecken, wenn der Teig den Deckel der Teigschüssel hebt! Wichtig ist, eine entsprechend große Schüssel (3 1/2 l Fassungsvermögen) zu verwenden.
- Wenn man nicht gerade eine Großfamilie zu versorgen hat, bleibt von Brot oder Brötchen sicherlich etwas übrig. Zur Konservierung gibt es zwei Möglichkeiten:
- frisch einfrieren oder
- in dünne Scheiben schneiden (geht am besten mit Brot oder Brötchen, die bereits einen Tag alt sind), locker auf ein Tablett auflegen und an der Luft trocknen. Dies ergibt eine herzhafte Knabberei und eine gesunde Alternative zu fetttriefenden Chips.

Pilztaschen
(vegetarisch) ①

Zutaten für etwa 16 Taschen

Für den Teig:

250 g Weizenmehl glatt (Typ W 700)
1 Prise Salz
250 g Butter oder Margarine
250 g Quark, 20 % F.i.T.
1 Ei zum Bestreichen

Für die Fülle:

150 g frische Steinpilze und Totentrompeten (zu gleichen Teilen) (oder Zuchtchampignons und Steinpilze)
50 g Karotten
50 g Jungzwiebel
1 EL Olivenöl
Salz
weißer Pfeffer
1/16 l klare Gemüsesuppe (siehe Rezept Seite 58)
250 g Tofu natur
1 EL Sauerrahm
1/2 Bund gehackte Petersilie

Zubereitung: ca. 1 1/2 Stunden

- Backrohr auf 220 °C vorheizen

Teig:

- Mehl und Salz in eine Schüssel geben
- kalte Butter oder Margarine in Stücke schneiden und gut mit dem Mehl vermengen
- Quark zufügen und alles zusammen rasch zu einem geschmeidigen Teig kneten
- im Kühlschrank 1/2 Stunde ruhen lassen und in dieser Zeit die Fülle zubereiten

Fülle:

- Pilze putzen und klein schneiden
- Gemüse putzen und klein schneiden
- Olivenöl in einer Pfanne erhitzen und Gemüse samt Pilzen darin dünsten, salzen, pfeffern und mit etwas Gemüsesuppe weich kochen, bis die Flüssigkeit weitgehend reduziert ist
- 1/3 der Masse beiseite stellen, den Rest überkühlt zusammen mit dem Tofu, dem Sauerrahm und eventuell etwas Gemüsesuppe (Vorsicht, dass die Masse nicht zu flüssig wird) pürieren
- Püree mit gehackter Petersilie und beiseite gestellter Pilz-Gemüse-Masse mischen, eventuell nachsalzen
- Teig auf bemehltem Brett etwa messerrückendick ausrollen und in 16 Quadrate schneiden
- Ei verquirlen, Ränder der Teigquadrate mit dem verquirlten Ei bestreichen
- jeweils 1 TL Fülle in die Mitte der Quadrate setzen und dreieckige Taschen formen, Ränder gut andrücken
- Taschen auf ein mit Backtrennpapier ausgelegtes Backblech setzen, mit verquirltem Ei bestreichen und bei 220 °C Heißluft 5 Minuten anbacken, dann bei 180 °C 30 Minuten ausbacken
- auskühlen lassen

Weinempfehlung: köstlich zu mittelschwerem Rotwein oder Chardonnay

Nährwert

pro 100 g: 252 kcal
pro Portion als Snack: 378 kcal

Eingelegte Pfifferlinge
🕔

Zutaten
125 ml Wasser
250 ml weißer Balsamico-Essig
1 TL Salz
1/2 TL Zucker
1/4 Chili-Frucht, in Ringe geschnitten
1 EL ganzer Koriander
1 frischer Rosmarinzweig (etwa 10 cm lang)
150 g Karotten
300 g Pfifferlinge
ca. 1/2 l Olivenöl

Zubereitung: ca. 30 Minuten
- Wasser und Essig mischen
- Salz, Zucker und Gewürze zufügen und aufkochen
- Karotten in gefällige, gleich große Stücke schneiden
- Pfifferlinge je nach Größe entweder ganz lassen oder halbieren
- Karottenstücke 5 Minuten im Sud kochen, danach die Pfifferlinge zufügen und alles zusammen nochmals 10 Minuten kochen
- in der Zwischenzeit ein gut verschließbares Einsiedeglas (3/4 l Fassungsvermögen) in kochendem Wasser ca. 5 Minuten sterilisieren und auf einem sauberen Tuch abtropfen lassen
- Pilze abseihen und in das sterilisierte Einsiedeglas füllen
- mit Olivenöl überschichten und fest verschließen

Haltbarkeit: etwa 1/2 Jahr

Eine köstliche Vorspeise zu Weißbrot.

Tipp
Sehen Sie zu diesem Rezept auch die Tipps auf Seite 146.

Nährwert
pro 100 g mit Öl: 342 kcal
pro Portion: 42 kcal

Spätlese mit Reizkern und Röhrlingen 🕔

Zutaten
100 ml Wasser
250 ml weißer Balsamico-Essig
500 g gemischte Pilze wie Lachsreizker, Goldröhrlinge, Ziegenlippe und Hainbuchen-Raufuß
1 TL Salz
1 TL Zucker
1 TL ganzer Koriander
2 ganze Lorbeerblätter
ca. 1/2 l Olivenöl

Zubereitung: ca. 30 Minuten
- Wasser und Essig mischen
- Salz, Zucker und Gewürze zufügen und aufkochen
- Pilze waschen, die größeren halbieren, die kleinen ganz lassen, im Sud 15 Minuten kochen
- in der Zwischenzeit ein gut verschließbares Einsiedeglas (3/4 l Fassungsvermögen) in kochendem Wasser ca. 5 Minuten sterilisieren und auf einem sauberen Tuch abtropfen lassen
- Pilze abseihen und in das sterilisierte Einsiedeglas füllen
- mit Olivenöl überschichten und fest verschließen

Haltbarkeit: etwa 1/2 Jahr

Eine exquisite Vorspeise zu getoastetem Weißbrot.

Tipp
Durch das Kochen in Essigwasser behalten die Pilze großteils ihre Farbe, selbst die Röhrlinge, die sonst zum Dunkelwerden neigen.
Sehen Sie zu diesem Rezept auch die Tipps auf Seite 146.

Nährwert
pro 100 g mit Öl: 336 kcal
pro Portion: 36 kcal

Eingelegte Steinpilze

Zutaten

200 ml Wasser
400 ml weißer Balsamico-Essig
1 TL Salz
1/2 TL Zucker
3 frische Rosmarinzweige (etwa 10 cm lang)
1 kleine Chili-Frucht
500 g frische Steinpilze, vorzugsweise kleine und feste
5 frische Zitronen-Thymian-Zweige (ersatzweise Gartenthymian)
ca. 1/4 l Olivenöl

Nährwert

pro 100 g mit Öl: 177 kcal
pro Portion: 45 kcal

Zubereitung: ca. 30 Minuten

- Wasser und Essig mischen
- Salz, Zucker und Gewürze zufügen und aufkochen
- Pilze waschen, die größeren halbieren, die kleinen ganz lassen, im Sud 15 Minuten kochen
- in der Zwischenzeit ein gut verschließbares Einsiedeglas (3/4 l Fassungsvermögen) in kochendem Wasser ca. 5 Minuten sterilisieren und auf einem sauberen Tuch abtropfen lassen
- Pilze abseihen und in das sterilisierte Einsiedeglas füllen
- mit Olivenöl überschichten und fest verschließen

Haltbarkeit: etwa 1/2 Jahr

Eine köstliche Vorspeise zu Weißbrot.

Tipps

Hübsch sieht es aus, wenn man einige gegarte Gewürzzweige und den Chili mit in das Glas gibt.
In diesem Rezept nimmt das Olivenöl den Geschmack von den Pilzen und Gewürzen an und erhält auch eine feine Schärfe. Es eignet sich hervorragend als Salatöl: Sind die Pilze aufgegessen, füllt man es in eine eigene Flasche und bewahrt es im Kühlschrank auf.
Einmal angebrochen, sollte man die Gläser so kühl wie möglich aufbewahren und den Inhalt rasch verbrauchen. Bewahrt man die Gläser im Kühlschrank auf, so kann das Olivenöl halbfest werden. Dies ist kein Fehler, erfordert jedoch ein „Aufwärmen" bei Zimmertemperatur.

Die Pilze
in alphabetischer Reihenfolge

G

H

J

K

R

S

T

V

W

Z

Die Rezepte
in alphabetischer Reihenfolge

Suppen

Vorspeisen

Füllen und Aufstriche

Hauptspeisen

Beilagen

Desserts

Brot und Brötchen

Eingelegtes

Empfohlene Pilzbücher

Allgemein

Bon M. (1988): Pareys Buch der Pilze. – Berlin: Parey.

Courtecuisse R., Duhem B. (1994): Guide des Champignons de France et d'Europe. – Lausanne: Delachaux et Niestlé.

Dähncke R. M. (1993): 1200 Pilze in Farbfotos. – Aarau: AT Verlag.

Flück M. (1995): Welcher Pilz ist das? – Stuttgart: Franckh-Kosmos Verlag.

Gerhardt E. (1996): Pilze. – München: BLV Verlagsgesellschaft mbH.

Jordan P., Wheeler S. (1996): Dumont's großes Pilzbuch. – Köln: Dumont Buchverlag.

Laux H. E. (2001): Der große Kosmos Pilzführer. – Stuttgart: Franckh-Kosmos Verlag.

Rätsch C. (1996): Pilze der Götter. – Aarau. AT Verlag.

Ryman S., Holmåsen I. (1992): Pilze. – Braunschweig: B. Thalacker Verlag.

Schwantes H. O. (1996): Biologie der Pilze. – Stuttgart: E. Ulmer.

Weiterführend

Dörfelt H., Görner H. (1989): Die Welt der Pilze. – Leipzig, Jena, Berlin: Urania Verlag.

Engel H., Dermek A., Klofac W., Ludwig E., Brückner T. (1996): Schmier- und Filzröhrlinge s. l. in Europa. – Weidhausen b. Coburg: Verlag H. Engel.

Erhard E. (2000): Pilzkompendium, Band 1: Abbildungen. – Eching: IHW-Verlag.

Erhard E. (2001): Pilzkompendium, Band 1: Beschreibungen. – Eching: IHW-Verlag.

Galli R. (1998): I Boleti. – Milano: Edizioni Naturalistiche.

Galli R. (1996): Le Russule. – Milano: Edizioni Naturalistiche.

Lannoy G., Estades A. (1995): Monographie des Leccinum d'Europe. – La Roche-sur-Foron: Chevallier Imprimeurs.

Sarnari M. (1998): Monografia illustrata del genere Russula in Europa, Tomo primo. – Trento: Associazione Micologica Bresadola.